HANS-JOACHIM LÖWER

ATATÜRKS KINDER

HANS-JOACHIM LÖWER

ATATÜRKS KINDER

30 Porträts der heutigen Türkei

MALIK NATIONAL GEOGRAPHIC

Mehr über unsere Autoren und Bücher:
www.malik.de

Bibliografische Information der Deutschen Bibliothek
Die Deutsche Nationalbibliothek verzeichnet diese Publikation in der Deutschen Nationalbibliografie; detaillierte bibliografische Daten sind im Internet über http://dnb.d-nb.de abrufbar.

NATIONAL GEOGRAPHIC ADVENTURE PRESS
Reisen · Menschen · Abenteuer
Die Taschenbuch-Reihe von
Malik und National Geographic

Ungekürzte Taschenbuchausgabe
Februar 2009

Umschlaggestaltung: Dorkenwald Grafik-Design, München
Umschlagfotos: Getty Images (oben), Celentano/laif (unten), Hans-Joachim Löwer (hinten)
Innenteilfotos: Hans-Joachim Löwer
Kartografie: Eckehard Radehose, Schliersee
Satz: Sieveking GmbH, München
Papier: Naturoffset ECF
Druck und Bindung: CPI – Clausen & Bosse, Leck
Printed in Germany ISBN 978-3-492-40349-8

Das Papier wurde aus chlorfrei gebleichtem Zellstoff hergestellt.

Inhalt

BULGARIEN
Schwarzes Meer
Varna
Burgas
Edirne
Pontis
25 26 27 28 29 30
24
Istanbul
Tekirdağ
Bosporus
Fähre
Izmit
Marmara-
meer
24
TÜR
Bandırma
Bursa
13 14 15
Yozgat
3268
Ulu Dağı
ANKARA
Çanakkale
23
Eskişehir
Bergama
Tuzsee
Nevşehir
Afyon
19
20
Aksaray
3268
Hasan Dağı
Izmir
22
Nazilli
21
Konya
Aydin
Denizli
Isparta
Taurus
Gebirg
Südliche Sporaden
Bodrum
16
Antalya
Alanya
Adana
17
18
Fethiye
Rhodos
N
ZYPERN
Kreta
0
200 km
Mittelmeer
1 ≙ Kapitel 1

5642 Elbrus
Kaukasus
GEORGIEN
Tiflis
Karcal-Gebirge
Artvin
ARMENIEN
Rize
Kars
Trabzon
3937
Kaçkar Dağı
Giresun
Jerewan
Gebirge
5165
Ararat
Erzurum
Ost-
anatolien
Erzincan
Sivas
Euphrat
IRAN
Süphan Dağı
4058
Vansee
Van
Bingöl
Tatvan
Elazığ
Malatya
Hakkari
4168
Cilo Dağı
Nemrut Dağı
2150
Diyarbakır
Adiyaman
Öğündük
Atatürk-Stausee
Mardin
Kahraman-
Maras
Gaziantep
Şanlıurfa
Mosul
Erbil
Euphrat-
Stausee
Aleppo
Kirkuk
IRAK
Tigris
SYRIEN
LIBANON
Euphrat
Beirut
Damaskus

Vorwort

Kein Land spaltet Europa so sehr wie dasjenige, das mit diesem Kontinent zusammenwachsen will. Es liegt, rein geografisch gesehen, zum allergrößten Teil in Asien. Es ist flächenmäßig größer als jeder andere Mitgliedsstaat der Europäischen Union. Und es wäre, sollte es eines Tages aufgenommen werden, in der EU das einzige muslimische Land.

Viel ist darüber geschrieben worden, wie die Europäer die Türken sehen. Was sie von ihnen erwarten, erhoffen und befürchten. Sehr viel weniger aber wissen wir darüber, wie die Türken Europa sehen, was sie von ihm erwarten, erhoffen und befürchten. Noch weniger wissen wir darüber, wie die Türken sich selber sehen. Für die meisten von uns leben sie noch immer in einem unbekannten, schwer durchschaubaren Land.

Woher stammt das Bild, das wir von den Türken haben? Wir kennen sie als freundliche Gemüsehändler, als leidenschaftliche Fußballfans, als picknickende Familienverbände in Parkanlagen. Wir staunen ab und zu über erfolgreiche Unternehmer, Türken der zweiten oder dritten Generation, die es in Deutschland weit gebracht haben. Und sehen doch, dass ein Großteil der 2,5 Millionen Türken, die seit vielen Jahren bei uns leben, noch immer nicht so recht dazugehören. Sie leben in Stadtvierteln, in denen man nicht einmal Deutsch sprechen muss, um gut zurechtzukommen. Sie leben unter uns – und doch in ihrer eigenen, ganz anderen Welt.

Wenn wir ihr Land besuchen, dann bewegen wir uns meist in einem kleinen Streifen entlang der Ägäis oder des Mittelmeers. Er ist der Teil der Türkei, der für den Tourismus erschlossen ist. Er funktioniert, wie alle großen Urlaubsgebiete, nur noch zum geringen Teil nach den Sitten des Gastgeberlandes. So rühren die Eindrücke, die wir auf einer Ferienreise gewinnen können, nur von einen kleinem – und oft dazu inszenierten – Ausschnitt der Realität her. Der Rest sind Fragen, Vermutungen, Zweifel. Eine Neugier, die sich schwer befriedigen lässt, weil nur sehr wenige von uns Türkisch sprechen – eine Sprache, die für deutsche Zungen ähnlich fremdartig ist, wie es das Deutsche für die Türken sein muss.

Ich habe versucht, dieses landschaftlich, kulturell und politisch faszinierende Land einmal anders zu bereisen. Keine Buchung, kein Reiseleiter, kein festes Ziel. Ich ließ mich drei Monate lang, nur mit einem Rucksack bepackt, durch die Türkei treiben. Mal zu Fuß, mal per Bus, zur Not auch mal per Anhalter – so legte ich ungefähr 6000 Kilometer zurück. Mein Weg begann am Fuß das Kaukasus weit im Nordosten, führte quer durch Anatolien bis in die Hauptstadt Ankara, von dort an die buchtenreichen Küsten und in das weite, sich immer mehr entvölkernde Binnenland und endete in der boomenden Metropole Istanbul, die wie keine andere Stadt den Aufbruch des Landes in eine neue Ära symbolisiert.

Die 30 Begegnungen in der Türkei, die ich in diesem Buch beschreibe, waren teils geplant, teils zufälliger Natur. Es sind Begegnungen mit armen und reichen, gebildeten und ungebildeten, gewöhnlichen und ungewöhnlichen Menschen. Keine dieser Figuren ist »der typische Türke«. Doch alle zusammen verraten sie etwas von dem Reichtum an Geschichte und Kultur, der dieses Land so spannend macht – und zugleich von dem schwierigen Weg, den es seit einem Jahrhundert an der Nahtstelle zwischen Ost und West gegangen ist.

Ich muss mich bei vielen Menschen bedanken, die mir geholfen haben, diese nicht alltägliche Reise zu organisieren. In Deutschland bahnte mir Ahmet Güler vom Bund Türkisch-Europäischer Unternehmer in Hannover einen Weg in das Netz der türkischen Industrie- und Handelskammern; Prof. Dr. Bilal Doğan (Geesthacht), Dekan Asis Aslan, Demir Gökgol, Nevin Schmidt, Hannelore Rosler-Weigel, Cafer Yildirim (alle Hamburg) halfen mit wertvollen Tipps, privaten und beruflichen Kontakten. In der Türkei standen mir freundliche Dolmetscher und Übersetzer, Gastgeber, Ratgeber und Vermittler zur Seite:

In *Afyon:* Atilla Çetinbas, Erdal Koçak.
In *Ankara:* Angelika Armann; Dr. Thomas Bagger, Jens Janik und Esin Önol von der deutschen Botschaft; Yaşar Baş und Kadir Ahmet Parla vom Presse- und Informationsamt der türkischen Regierung.
In *Antalya:* Selda Akmanis, Hür Derikesen, Bilger Ilter, Sebnem Imece, Dilek Kaplan Koç, Alkeste Wegener.
In *Artvin:* Alper Halvasi, Sahir Cebeci.
In *Diyarbakır:* Emine Wiese, Bawer Uçaman.
In *Erzurum:* Dr. Fikret Arargüc, Erol Çakmak, Dr. Hüseyin Efe, Tekin Günel.
In *Istanbul:* Murat Adıgüzel, Nüket Atalay, Nuri Demir, Elvan Kayadeniz, Denis Kavukçuoglu, Levent Serhan, Aslı Yüksel.
In *Izmir:* Metin Atsal, Nesteren Kesen.
In *Sandıklı:* Ozan Gokmenoğlu.
In *Trabzon:* Sadan Eren.
Ihnen gilt mein besonderer Dank. Ohne ihre tatkräftige Mithilfe hätte dieses Buch nicht entstehen können.

Hamburg, Februar 2007
Hans-Joachim Löwer

Artvin

Artvin ist von der Welt verlassen. Die 31 000-Einwohner-Stadt klebt an einem lang gestreckten Hang, hoch über dem Tal des Flusses Coruh. Zur Schwarzmeerküste sind es 70 Kilometer. Die Straße windet sich über Serpentinen sechs Kilometer in die Höhe. Im Zentrum des Ortes sind die Wege so steil, dass Leute mit Einkaufstüten ins Keuchen kommen. Dursun Altınay, der Tourismus-Direktor, wird es seinen Vorgesetzten in der Regierung nie vergessen, dass sie ihn hierher an den Rand des Kaukasus geschickt haben. Aus dem milden Westen in den wilden Osten. Mit 52, einem Alter, in dem man einem pflichtbewussten Staatsdiener eigentlich eine Strafkolonie ersparen sollte. Er schimpft sich seinen Frust aus der Brust und genießt es dabei, dass er wenigstens mal wieder Französisch reden kann. Hier, im wilden Osten, wohin sie alle zwangsverschickt werden, Beamte, Professoren und Soldaten. Die Landschaft, die Altınay verkaufen muss für Skilauf, Rafting und Trekking, wird derzeit von Baggern zerwühlt. Sieben große und neun kleine Staudämme entstehen. Irgendjemand hat dem lokalen Fernsehsender gesteckt, dass ein Deutscher sich in der Stadt aufhält. Die Reporter rücken an mit Kamera, Kabel und Mikrofon.

»Warum sind Sie denn nach Artvin gekommen?«, fragen sie.

»Weil ich hier meine Türkei-Tour beginnen will«, sage ich. »Und zwar zu Fuß, irgendwo im Gebirge.«

Das ist ein Fall, den sie sofort vermelden werden.

Kapitel 1

KARCAL-GEBIRGE

Die vergessene Zeit

Das Dorf Maden hat seine schlichte Ordnung. In 2000 Meter Höhe regiert der Rhythmus der Natur. Ende Juni geht es hoch auf die *yayla*, Anfang September runter von der *yayla*. Die Alm liegt noch mal 300 Meter weiter aufwärts, dort oben ballen sich die Regenwolken zusammen, die von der Küste landeinwärts ziehen; so wächst da noch immer saftiges Gras. »Vor zwei Tagen sind wir abgestiegen«, sagt Hatiçe Tanjan, die Frau des Bürgermeisters. »Die Nächte werden kalt, der Winter kommt, wir spüren es.« 300 Kühe zählte die Karawane aus Menschen und Tieren, die Ochsen schleiften vollgepackte Holzschlitten über die grünen Wiesen. Jetzt werden die Scheunen mit Heu gefüllt, Milch und Käse an Händler verkauft, ab und zu wird auch noch bargeldlos getauscht wie zu alten Zeiten: acht Kilo Kartoffeln für ein Kilo Pflaumen oder Roggenmehl. Im Winter liegen hier bis zu drei Meter Schnee.

Zweifelnd taxieren sie den Menschen, der in diese Ordnung eingebrochen ist. Freunde aus Artvin haben mich mit dem Auto hergebracht; sie wollen rechtzeitig wieder zurück, um nicht im Dunkeln die halsbrecherische Erdstraße ins Tal hinunterholpern zu müssen. Was will dieser Mann mit dem dicken Rucksack im Dorf? Vor zwei Jahren, ja, da zogen zwei verrückte Kanadier hier durch; weiß der Himmel, was sie in den Bergen suchten. Der 20-jährige Fatih, der Gymnasiallehrer werden will, macht sich nach einer halben Stunde aus dem Staub. Der 20-jährige Yusuf, der ein bisschen Englisch kann, muss seinen Vater fragen, ob er mit mir über die Berge ziehen darf. »Nein«, ist die brüske Antwort des Alten, »ich brauche dich hier für die Arbeit. Wie soll ich das denn allein schaffen – du siehst doch, dass ich krank bin!«

Aller Anfang ist schwer, noch dazu in dieser Ecke der Welt. Es gibt keine Landkarte, die mir auch nur den Hauch einer Vorstellung vermitteln könnte, was mich jenseits der *yayla* erwartet. Die einzigen Türken, die über topographische Karten verfügen, sind die Militärs, und denen ist es auch zu verdanken, dass sich das so schnell nicht ändern wird. Militärs denken immer zuerst an den Feind. Der Feind bedroht die Einheit und Sicherheit des Landes. Eine Karte bedeutet Wissen, und Wissen ist Macht, und die Macht darf nicht in die Hände des Feindes fallen. Diese Logik ist zwingend, und daher brauche ich von Maden aus einen Führer, denn sonst wüsste ich wirklich nicht, wohin. Die Wege sind wirr und endlos verzweigt. Keine Schilder, keine Markierung weit und breit. Das Wolkengebräu, das die Gipfel hier meist umhüllt, lässt die Sonne nicht durch, die mir zumindest die Himmelsrichtung verraten könnte.

Ich will nach Camili, direkt an der georgischen Grenze. Der Tourismus-Direktor in Artvin hat mir diese Route vorgeschlagen. Die Skizze, die er mir in einem Prospekt zeigte, enthielt in etwa so viele nützliche Details wie der Stadtplan von München für eine Reise zum Mond. Wie viele Kilometer? »Woher soll ich das wissen, Monsieur?« Wie viele Tage? »Ein oder zwei oder drei, schwer zu sagen.« Kennt er den Weg? »Ja, schon, aber gelaufen bin ich ihn nicht.« Was soll ich anfangen mit solchen Informationen? Es kann sein, dass ich ankomme. Es kann sein, dass ich umkomme.

Am Abend ist das Holzhaus des Bürgermeisters prall gefüllt mit Männern. Es gibt Kartoffeln mit Salz, grüne Bohnen und geschmolzenen Käse, Brot und Reis und großartigen hausgemachten Joghurt. Wir sitzen auf gemütlichen Sofas und dicken Teppichen, an der Decke leuchtet eine Neonröhre, der Inhalt des Wandvitrine ist eine kühne Komposition aus Büchern und Parfüm, Taschenlampen und einem Wecker. Yusuf, der wenigstens dolmetschen darf, wird mit seinen paar Englischbrocken zu einem Turm in der Schlacht. »Mein Herr«, fragen die Männer wie im Chor, »was um Himmels willen wollen Sie da oben?«

»Ich will einfach nur laufen«, antworte ich. »Laufen ist gesund. Und beim Laufen sieht man mehr.«

»Wenn das so einfach wäre!«, fallen die Männer über mich her. Wind und Nebel und Regen und Schnee, schlammige Pfade und rutschige Felsen, Wölfe und Bären und Schlangen – immer schauriger wird das verbale Schreckensgemälde, das sie vor mir entwerfen.

»Ist mir egal«, sage ich trotzig. »Wenn niemand mitwill, laufe ich eben allein los.«

Blankes Entsetzen ergreift die Runde, sie ringen die Hände und heben sie beschwörend. »Tun Sie das nicht, mein Herr!«, rufen sie. »Warten Sie, wir suchen einen, der Sie führt.« Es ist acht Uhr, eine Traube von Menschen drängt sich um das Telefon. Es gibt nur einen weit und breit, der den Weg kennt, erfahre ich. Nur einen, der sich das traut. Der Jäger – der muss es machen.

Es ist halb zehn, als er in die Stube tritt. Er ist sogleich aus dem Nachbardorf aufgebrochen, um zu verhindern, dass ich ins Verderben renne. Geiernase, kantige Wangen, kräftige Pranke. Das muss reichen, um Vertrauen in ihn zu setzen. Er spricht außer Türkisch und Georgisch keine andere Sprache. Aber irgendwie, so schwören wir mit unseren Blicken, kommen wir zwei schon zurecht. »Vier Bären habe ich geschossen«, sagt er stolz. »Nein, nicht um ihr Fell zu verkaufen. Ich schieße sie, weil sie unsere Tiere anfallen, und lasse sie dann einfach liegen. Aber schreiben Sie das mal lieber nicht.« Er zwinkert mit den Augen und kreuzt symbolisch die Handgelenke.

Natürlich will ich nicht dazu beitragen, dass mein Führer hinter Gitter kommt. Also notiere ich zwar die Sache mit den Bären, nicht aber den richtigen Namen des illegalen Bärentöters. »Morgen früh um sieben gehen wir los«, sagt der Mann, den wir Turgut nennen wollen. Dem Herrn Bürgermeister und der Frau Bürgermeisterin und all den anderen fallen Steine von den Herzen. Und der Hodscha des Dorfes, der mit seinem Akkordeon gekommen ist, wünscht mir Allahs Segen für den Weg.

Turgut ist pünktlich, das ist schon mal was. Er hat eine Zigarette im Mund, eine Lederjacke um und eine Plastiktüte mit Proviant in der Hand. Als mein Blick an ihm entlang zu Boden gleitet, schmerzen mir die Augen: schwarze, ausgetretene Halbschuhe, dicke Wollsocken über das Hosenbein gezogen – so tritt er den angeblichen Todesweg an. Die gebotene Höflichkeit eines Gastes und mein erbärmlicher Türkisch-Wortschatz verhindern jedoch, dieses Thema hier und jetzt zu erörtern. Es regnet nicht und schneit nicht, obwohl die Männer mir das prophezeit haben. Also stapfen wir guten Mutes hoch ins Karcal-Gebirge.

»Sit down!«, sagt Turgut nach etwa einer Stunde. Ich bin so baff über diese Order auf Englisch, dass ich schnurstracks Folge leiste. Wir sitzen an einem Brunnen, trinken ein paar Schlucke und füllen die Wasserflaschen nach. *»Stand up!«,* sagt Turgut nach fünf Minuten und genießt die Wirkung seiner Worte. Weiß der Himmel, woher er das hat. Jedenfalls sind das schon mal zwei Kommandos, mit denen er seine Autorität untermauert hat.

Als wir den ersten Pass erreichen, öffnet sich der Blick. Er streift über eine Landschaft ohne Anfang und Ende, gefurcht und gefaltet durch die Kräfte über und unter der Erde. Schmale Pfade ziehen sich wie dünne Striche an Hängen entlang, sie alle haben wohl irgendein Ziel, nur lässt sich nichts, aber auch gar nichts erahnen. Wenn wir an eine Wegscheide gelangen, nickt Turgut kurz mit dem Kopf, um die Richtung anzudeuten, und trottet auf seinen O-Beinen weiter. Er gliedert unsere Tour in Etappen von jeweils ein- bis eineinhalb Stunden. Dann heißt es kurz und triumphierend: *»Sit down!«* Und jeweils fünf Minuten später: *»Stand up!«* Das ist Turguts Takt, kurz, knapp und streng wie ein Metronom. Es sind die zwei Sätze, die unsere Tour strukturieren.

Wir stapfen aufwärts und abwärts und seitwärts, queren ein halbes Dutzend Rinnen. Wir sehen enzianähnliche Blumen, pflücken reife Himbeeren und Brombeeren, turnen ab und zu über ein paar Felsbrocken, Turgut huscht über sie hinweg, geschickt wie eine Gämse. Wir machen Mittagsrast in einer verlassenen *yayla*, reißen ein paar Zwiebeln aus Gartenbeeten und lassen sie uns roh schmecken. Es ist noch immer trocken, meine Augen suchen vergebens nach den Gefahren, die da angeblich auf uns lauern. Allmählich dämmert mir, weshalb die Männer von Maden so geredet haben. Sie haben schlicht keine Ahnung von diesen Wegen, weil sie sie nie gegangen sind. Sie liegen außerhalb ihrer Welt, hoch in den Bergen, daher sind sie fremd, unheimlich und gefährlich. Es ist das erste, aber lange nicht das letzte Mal, dass mir dieses Denken begegnet. Ein Türke sucht nicht das Erlebnis der wilden Natur. Im Gegenteil, er tut alles, um sich vor ihr zu schützen.

Die Mittagspause dauert doppelt so lang, also zehn Minuten, dann ertönt das Kommando. *»Stand up!«*, sagt Turgut und beginnt wieder, wie ein Maschinchen zu trotten. Als wir den dritten Pass an diesem Tag erreichen, ist es nachmittags halb drei. Kein Haus, keine Straße, kein Mensch weit und breit. »Camili?«, frage ich Turgut mit dem ersten leichten Zweifel in der Stimme. Seine Hand fliegt nach vorn, er deutet fröhlich Richtung Norden. Doch allmählich beschleicht mich das Gefühl, dass uns die Zeit davonläuft.

Der Saumpfad, dem wir nun folgen, schlängelt sich in tausend Windungen nach unten. Wir tauchen ein in üppigen Regenwald, stolpern über glitschige Wurzeln, wühlen uns durch dichten Farn. Zweige klatschen und kratzen in unsere Gesichter. Bäche rauschen allenthalben über den Weg. Wir sehen mächtige, Respekt einflößende Bärenhaufen, so singen und pfeifen wir doch ein wenig im Wald, um eine Begegnung der unheimlichen Art zu vermeiden. Wir sehen Bienenstöcke, die hoch in den Bäumen hängen; die Stämme sind mit glatten Blechhüllen umgeben, damit die Bären nicht hochklettern und vom Honig naschen. Nach und nach geraten wir in einen dunkelgrauen Wolkenschleier, der sich über die Wipfel legt. Nun kommt also endlich der Regen. Aber wann, lieber Turgut, kommt das Ziel? Es ist mittlerweile die neunte Stunde, und eines weiß ich sicher: Die Dämmerung wartet nicht auf uns.

Wir steigen in ein Almdorf hinab, in dem noch ein paar Hirtenfamilien leben. Ihre Hütten sind so eng an den Hang gedrückt, dass man im Winter bei Schnee am Hang über deren Dächer läuft, ohne es zu merken. Die Leute laden uns ein. Turgut sagt: *»Sit down!«*, und wir kriechen tief gebückt in eine schummrige Behausung. An der Decke hängen Socken, Plastikkanister und Teddybären. Unsere nassen Klamotten trocknen schnell neben dem wummernden Ofen. Es gibt geschmolzenen Käse mit Brot, Oliven, Honig, Äpfel und Birnen. Wir sitzen und schmausen, die Almbauern schauen uns neugierig zu. Ich glaube, wir könnten hier Tage so sitzen, ohne ein einziges Wort zu reden. Sie würden uns nur bestaunen, unsere pure Präsenz wäre Ereignis genug. Turgut aber sagt leider *»Stand up!«*. Wir gehen noch einmal in die Spur, verfolgt von winkenden Kindern und erstaunt dreinblickenden Kühen.

Es naht die elfte Stunde. Inzwischen regnet es einigermaßen heftig. Turguts Hand fliegt nicht mehr nach vorn, er zuckt nur etwas müde die Schultern. Was er mir auf Türkisch und in Zeichensprache zu erklären versucht, macht meinen dumpfen Verdacht zur Gewissheit. Wir haben nicht die geringste Chance, heute noch nach Camili zu kommen. Es sind immer noch drei oder vier oder fünf Stunden, das haben ihm die Hirten offenbar gesagt. In einer halben Stunde aber wird es dunkel, und die Wolken über uns schütten immer mehr Wasser nach unten. Auch Turgut, der Bärenjäger, hat offenbar keine Vorstellung gehabt, wie lange unser Weg dauern würde. Er ist einfach mit mir losgelaufen – und jetzt weiß er auch nicht so recht, wie wir über die Nacht kommen sollen. Wir triefen vor Nässe, es wird empfindlich kühl, ein Dorf ist weit und breit nicht zu sehen.

Die Rettung kommt mit dem Klang von Motorsägen. Irgendwo sind hier Waldarbeiter. Sie müssen, so denke ich mir, jeden Moment Feierabend machen. Wir hasten und schlittern über den schlammigen Weg auf die Lärmquelle zu. Da steht tatsächlich ein Pick-up im Morast, und drei Männer, besprenkelt von Sägespänen, schauen uns mit großen Augen an. Sie nehmen uns mit. Wir quetschen uns zu dritt neben den Fahrer, einer der Arbeiter kriecht auf der Ladefläche unter eine Plastikplane. So schwanken wir auf holperigen Wegen über die verbleibenden Kilometer. Es ist längst dunkel, als wir an ein Holzhaus klopfen, eine Art Gästehaus.

»Was halten Sie von der Europäischen Union?«, fragen wir später am Abend unseren Herbergsvater.

»Europa ist weit«, sagt er. »Aber ich habe schon davon gehört.« Es gibt andere, wichtigere Themen hier.

Wir sitzen auf der Veranda, trinken Bier und Rakı und essen gesalzene Nüsse, und draußen platscht unentwegt der Regen. Sind wir in dieser Waschküche nach Norden, Osten oder Westen gefahren? Wo sind wir überhaupt? »Keine Sorge«, sagt der Mann. »Morgen früh um sechs kommt der *dolmuş*. Der bringt euch hier raus, erst mal nach Camili, dann zur Straße nach Artvin.

Es sind 2700 Kilometer bis Frankfurt, aber nur 200 Kilometer bis Tiflis. Die Zeit treibt hier noch so vor sich hin, dass am Ende niemand weiß, wo sie geblieben ist. Turgut, werden meine Freunde später sagen, war ein typischer Türke. Zeit wird bei ihm nicht gemessen, sondern genossen.

Erzurum

Dies ist das zweite Gesicht der Türkei. Kahle, ockerbraune Berge. Weiten, die entmutigend wirken. Die Erde ist im September so trocken, als habe es seit Jahren nicht geregnet. Die abweisende, ernüchternde Stadt mit 370 000 Einwohnern liegt auf 1950 Meter Höhe. Bei einem schweren Erdbeben 1939 kamen 40 000 Menschen ums Leben. Die Temperaturen schwanken zwischen 40 Grad plus im Sommer und 40 Grad minus im Winter. Verhülltes Haar, verschleierte Gesichter. Hier gibt es noch Frauen, die nicht neben, sondern hinter ihren Männern gehen. Hier weht, in jedem Sinn des Wortes, ein anderer Wind.

Kapitel 2

ERZURUM

Der stille Schmerz

Jeder Tag muss mit einer Hoffnung beginnen. Sie liegt so dicht neben der Verzweiflung, dass die Männer gar keine andere Wahl haben. Die Hoffnung treibt die Männer frühmorgens aus den Betten und durch die kalten Straßen von Erzurum, hin zu dem Platz vor der Gürcü-Kapı-Moschee. Dort stehen sie sich ab 7 Uhr die Beine in den Leib, Stunde um Stunde, Tag um Tag, und warten darauf, dass eine Hand auf sie deutet. Wer Glück hat, wird mitgenommen, auf einen Lastwagen geladen, zu einem Bau- oder Umzugsprojekt gebracht. Dann heißt es malochen, zupacken, schleppen. Ein *hamal* kann froh sein, wenn ihm am Abend die Knochen weh tun. Die anderen, die am Platz stehen bleiben, gäben viel für so ein Gefühl. Ja, die Arbeit tut weh – aber keine Arbeit haben erst recht.

Ich nähere mich der Hundertschaft von Tagelöhnern in Begleitung einer jungen Dolmetscherin. Sie umlagern uns und fragen, was wir anzubieten hätten.

»Wir wollen mit Ihnen reden«, sagen wir. »Wer hätte denn Lust dazu?«

»Was gibt es denn zu reden?«, entgegnen sie enttäuscht. »Wir wollen arbeiten. Dazu sind wir hier.« Sie winken ab, wenden sich ab, die Gruppe zerbröselt so schnell, wie sie sich gebildet hat.

Nur einer von ihnen läuft nicht weg. Ich drücke seine Hand, spüre harte Hornhaut und schwielige Finger. Wir gehen in ein Teehaus, wo sich die *hamalar* ermattet hinsetzen, wenn das stundenlange Stehen nichts gebracht hat. An einem kleinen freien Tisch versuchen wir, ein Stück in das Leben dieses Mannes einzudringen. Yahya Bilmez, 52 Jahre, Vater von zwei Jungen und vier Mädchen. Geboren im Dorf Çat, seit 30 Jahren in Erzurum, seit 30 Jahren *hamal*, jeden Tag hier vor der Moschee ...

Weiter kommen wir nicht. Ein Ring aus misstrauischen Gesichtern hat sich um uns gebildet. »Was schreiben Sie denn da alles auf?«, ruft einer zu mir. »Pass auf, was du da sagst!«, warnt eine Stimme meinen Gesprächspartner. »Die Türkei ist ein schönes Land«, gibt einer ungefragt zu Protokoll, der sich bis an den Tisch gedrängt hat. Ich habe nichts gesagt, was als das Gegenteil verstanden werden könnte. Ich sitze nur da, mit Kugelschreiber und aufgeklapptem Notizblock, und versuche, Fragen zu stellen.

Nein, hier können wir nicht reden. Die anderen Besucher des Teehauses wollen von uns nicht ablassen. Ich zahle, und wir gehen wieder raus auf die Straße, möchten mit Bilmez nach Hause gehen. »Wer sind Sie?«, rufen ein paar Männer aus der Gruppe hinterher. »Ein Journalist? Sie sehen aber gar nicht wie ein Journalist aus! Was schreiben Sie da alles auf? Hat der Staat denn das überhaupt erlaubt?«

Zum Glück bringt ein Neuankömmling Entlastung. Ein Mann sucht sechs Leute zum Ausheben von Kanalschächten auf einem Krankenhausgelände. Sechs Leute für zusammen 150 türkische Lira pro Tag, Arbeitszeit von 8 bis 18 Uhr. Macht 25 Lira pro Mann, das sind 2,50 Lira pro Stunde, etwas mehr als 1,50 Euro. Eine Gruppe zieht mit dem Anwerber ab, Bilmez ist leider auch darunter. Aber Arbeit geht vor.

»Ein Deutscher bist du?«, ruft es feindselig aus dem verbliebenen Pulk. »Lass dir gesagt sein, wir wollen nicht in die EU. Wir wollen keine Europäer sein!« Hier kommen ständig Antworten auf Fragen, die ich überhaupt nicht gestellt habe. Es scheint, als fühlten sie sich durch meine bloße Anwesenheit angegriffen.

Yahya Bilmez hat uns seine Telefonnummer gegeben. So sitzen wir tags darauf doch bei ihm zu Hause im Stadtteil Palandöken. In die Freude über unseren Besuch mischt sich die Scham, die die meisten Armen mit sich tragen. Sein Lächeln an der Haustür ist Ausdruck dieser sich widersprechenden Gefühle. Wir lassen uns am Boden auf Kissen nieder, kreuzen die Beine auf dem Teppich und lehnen uns an die Wand. Halime, die 50-jährige Ehefrau, setzt einen Teekessel auf. Wir bitten Yahya, uns sein Leben zu erzählen. Ein Jahr Schule, sagt er, nie Lesen und Schreiben gelernt. Dann Arbeit, nichts als harte Arbeit. Ein Sohn lebt in Izmir und kommt gerade so zurecht. Der andere Sohn ist arbeitslos. Also muss er als Vater das Geld für alle verdienen. Wenn es gut läuft, sind es 450 Lira, gut 280 Euro, allerdings nur im Sommer. Im Winter sind es 100, 120 oder 150 Lira, also maximal 100 Euro. Nicht pro Tag, nicht pro Woche, sondern pro Monat. »Das ist es«, sagt er. »Das ist mein Leben.« Es besteht aus fünf bis sechs Sätzen.

Sein Sohn Mitin erscheint in der Tür, herausgeputzt mit Anzug und Krawatte. Er muss zu einem Vorstellungsgespräch. Wenn es gut läuft, kriegt er vielleicht einen Job als Krankenpfleger in der Universitätsklinik. »Vier Jahre habe ich das schon einmal gemacht«, sagt der 22-Jährige. »Da wachse ich schnell wieder rein.« Wir zeigen ihm, dass wir die Daumen drücken, er hat seine Arbeit als Kellner verloren. Wenn er wieder etwas verdient, wäre die Last auf den Schultern des Vaters wieder etwas geringer.

Yahya Bilmez erzählt von seiner Not, ohne auch nur mit einer Silbe zu jammern. Sein Lächeln begleitet ihn durch all seine Geschichten. »Ich habe gestern mit den anderen geschimpft«, sagt er. »›Wie könnt ihr nur so unfreundlich gegenüber Gästen sein!‹, habe ich ihnen gesagt. ›Die haben euch doch überhaupt nichts getan!‹« Seine Frau schenkt Tee nach, er reicht uns den Zucker. Das Reden tut ihm offensichtlich gut.

Lebenslang Lasten schleppen: Yahya Bilmez mit Ehefrau Halime

Er erzählt von seiner jüngsten Enttäuschung. Das mit dem Krankenhaus gestern habe nicht geklappt, sagt er. Die sechs *hamalar,* die sich die Arbeit angesehen hätten, seien zu dem Schluss gekommen, dass sie viel schwerer sei, als man ihnen anfangs gesagt habe. Sie wollten zusammen pro Tag 250 statt 150 Lira haben. Da habe der Anwerber sie stehen gelassen und sich Leute gesucht, die es auch für weniger machen.

»Ich merke immer, wie sein Tag gelaufen ist«, sagt die Frau. »Ich merke es schon an der Haustür. Morgens sage ich manchmal: ›Bring bitte was zum Essen mit!‹. Wenn er abends dann wortlos und mit leeren Händen kommt, brauche ich schon gar nicht mehr zu fragen.« Dann muss sie in dem Krämerladen, wo sie einkauft, darum bitten, wieder mal etwas anzuschreiben.

Wird das Leben vielleicht besser werden, wenn die Türkei EU-Mitglied ist? Seine Kollegen, sage ich, hätten wohl keine hohe Meinung davon. »Ach ja, die finden gar nichts richtig gut«, antwortet er. »Die meisten reden sich nur den Frust von der Seele.« Er selber – nun ja, was weiß er schon darüber, aber aufgeben dürfe man die Hoffnung nie. »Wer weiß, vielleicht ist Europa wirklich gut für uns ...«

Seine Sätze sind schlicht und sanft, fast gütig gegenüber dem Schicksal. Nicht er, sondern seine Frau erwähnt, dass er Bandscheibenprobleme hat. Kein Wunder, nach 30 Jahren als *hamal*. Vor acht Jahren begannen die Schmerzen im Rücken, vor einem Jahr im Nacken. Eine Woche lang lag er dann im Krankenhaus und wurde gründlich untersucht. Nur eine Operation kann helfen, lautete die Diagnose der Ärzte. »Aber an eine Operation ist gar nicht zu denken«, sagt Bilmez und lächelt. »Wie soll ich die denn bezahlen?«

So bleibt Yahya Bilmez nichts anderes übrig, als die Zähne zusammenzubeißen. Fünf Jahre, sagt er, müsse er noch arbeiten, um wenigstens die kleine Rente zu sichern. Fünf Jahre noch schaufeln und schieben und schleppen. Und hoffen, dass sich sein Bandscheibenleiden nicht verschlimmert. »Wenn ich arbeite, tut es eigentlich gar nicht weh«, sagt er. »Die Schmerzen kommen immer dann, wenn ich zu Hause bin.«

»Also jetzt zum Beispiel?«, fragen wir.

»Ja, jetzt zum Beispiel«, sagt er. Und lächelt und reicht uns noch einen Tee.

»Wie steckt man all die Schmerzen und Enttäuschungen weg?«, frage ich.

»Man wird hart«, sagt er. »Aber ich will nicht klagen. Was Allah will, das soll geschehen.«

Erzurum

Wenn es einen Ort gibt, an dem ich keinen Dolmetscher brauche, dann ist es die Universität. Denke ich und streife über den Campus. Aber schnell begreife ich das Ausmaß meines Irrtums. Kein einziger von Dutzenden Studenten, die ich anspreche, bringt auch nur einen Satz auf Englisch hervor. Dabei haben sie alle auf ihren Oberschulen dieses Fach gehabt. Ich setze meine Hoffnung auf den Lehrkörper. Mein Weg führt durch die Abteilungen Geografie und Geschichte. Auf den Türschildchen stehen akademische Titel vor den Namen. Ich klopfe bei drei »Prof. Dr.« an die Tür. Kein einziger von ihnen spricht Englisch oder eine andere Fremdsprache. »Viele Universitätslehrer sind nach dem Militärputsch 1980 auf ihre Stühle gekommen«, sagt mir später ein Kenner der Verhältnisse. »Damals zählte nicht die Qualifikation, nur die richtige Einstellung.« Was ich in Erzurum erlebe, wird sich im Osten an mehreren Universitäten wiederholen. Wirtschaftlich haben sich die Türken zur Welt hin geöffnet. Geistig kreisen sie hier meist noch immer um sich selber.

Kapitel 3

ERZURUM

Der missratene Sohn

Wir irren von Betonklotz zu Betonklotz, um Ismail Aydın zu finden. Im Scheinwerferlicht unseres Autos tasten die Augen nach Anhaltspunkten. Es ist tagsüber schon nicht leicht, sich in den Neubaugebieten der Stadt zurechtzufinden. Bei Dunkelheit wird die Orientierung zu einem Pfadfinderspiel. Alle Wohnblöcke, die hier in die Höhe schießen, sehen irgendwie gleich aus. Gesichtslose, farblose Türme, lieblos in den Boden gerammt. Das ist in Erzurum so wie in fast allen türkischen Städten. Es scheint eine internationale Allianz von Architekten mit dem Ziel zu geben, alle Fehler der Vergangenheit zu wiederholen. Genau so hat man einst auch in Deutschland, Frankreich und Spanien gebaut. Das Tempo, mit dem hier die Landschaft zersiedelt wird, hat aber eine eigene Dimension. Es spiegelt den Aufbruch des Landes in eine neue Ära.

Ismail Aydın stammt aus der ersten Generation, die einen Aufbruch zu wagen schien. Damals, 1964, war er 31 Jahre alt. Eines von zwölf Kindern einer Bauernfamilie, alle männlichen Geschlechts. Aufgewachsen in Köprüköy, einem Dorf 57 Kilometer östlich von Erzurum. Nie eine Schule besucht, erst beim Militär das Lesen und Schreiben gelernt. Und dann die Idee, nach Deutschland zu gehen – in ein fernes, reiches Land, das Hunderttausende von Gastarbeitern suchte. »Ja, es war eine große Reise für mich«, sagt der 72-Jährige. Er sitzt auf einem roten Sofa, die schicke Wohnung ist sein Eigentum. Er hat es wirklich zu etwas gebracht, und das hat alles mit jener Reise vor mehr als 40 Jahren zu tun.

Aydın kam von Köprüköy nach Baden-Baden. Ich reiche ihm meinen Notizblock, er schreibt mit ungelenken Lettern den Namen einer Fabrik auf, die zu seiner zweiten Heimat wurde: »Ziegelwerke Hettler«. Umgeben von einer Schar aus Landsleuten, stand er jeden Tag an einem bullernden Brennofen, der anfangs noch mit Kohle, später elektrisch beheizt wurde. Die Türken stellten Backsteine her. Akkordarbeit, täglich acht bis zehn Stunden, bei 50 bis 60 Grad Hitze. Zwei Männer füllten pro Tag 40 Paletten. »Es war eine schwere, eintönige Arbeit«, sagt er heute. »Ich konnte abends kaum ein Glas mehr halten.«

Zwölf Jahre seines Lebens verliefen auf diese Weise. Aydın schuftete, was sein Körper hergab. Spielte abends noch ein bisschen Karten mit den Kollegen. Sank dann in sein Bett und freute sich, dass er gutes Geld verdient hatte – mehr, als er je zu träumen gewagt hätte. Das größte Problem am Anfang war, dass es keinen türkischen Metzger gab; so taten die Türken sich zusammen, um einander beim Hammelschächten zu helfen. »Aber ansonsten war alles in Ordnung«, sagt er. Der Chef behandelte ihn gut. Die Kollegen sprachen fast alle türkisch. Die Wohnung, eine Sammelunterkunft für Gastarbeiter, lag auf dem Werksgelände. Aydın brauchte kein Auto – was sollte er in einem fremden Land umherfahren? Er brauchte keine deutschen Freunde – was sollte er mit ihnen bereden? Er brauchte im Grunde auch nicht die deutsche Sprache – die Arbeit war klar, sie blieb immer gleich, Stunde um Stunde, Tag um Tag.

Seine Eltern hatten Vorsorge getroffen, dass der junge Auswanderer nicht von der Bahn abwich, die sie für ihn vorgezeichnet hatten Sein Vater hatte sich in Köprüköy mit einem anderen Vater zusammengesetzt, der seine Tochter verheiraten wollte. Fünf Monate bevor Ismail aufbrach, wurde Hochzeit gefeiert. Ismail nahm Mevlüde zur Frau. Nun wusste er, wofür er in Deutschland sein würde. Er lebte sparsam und legte möglichst alles auf die hohe

20 Jahre Gastarbeiter in Deutschland: Ismail Aydın

Kante. Zwölf Jahre war das junge Paar getrennt, die beiden konnten sich nur sehen, wenn er im Urlaub nach Hause fuhr. Dann kam auch Mevlüde nach Baden-Baden.

Die Arbeit in den Ziegelwerken Hettler wurde von 1976 an etwas leichter. Aydın stand nun nicht mehr am Ofen, sondern am Fließband, um die gebrannten Backsteine auf Lastwagen zu verladen. Das ging zwar immer noch in die Knochen, aber wenigstens war die Hitze weg. Es gab eine konkurrierende Firma, die ihn mit einem höheren Stundenlohn abwerben wollte. »Aber Hettler war ein fairer Chef«, sagt er. »Also blieb ich bei ihm. Da wusste ich, was ich hatte.«

Es war alles so wohlgeordnet in Aydıns kleiner türkischer Exklave. Wie konnte da nur etwas aus den Fugen geraten? »Ich weiß es nicht«, sagt der alte Mann auf seinem Sofa. »Ich weiß es bis heute nicht.« Aber bei seinem ersten Sohn Güven, der 1969 geboren wurde, lief irgendetwas schief. Als er 15 war, trug er schwarze Klamotten, schor sich die Haare bis auf einen Kamm in der Mitte, den er sich knallrot färbte, und an die Ohrläppchen hängte er sich zum Entsetzen der Eltern Ringe. Er redete zum Trotz mit seinem Vater nur deutsch und schloss sich einer Jugendbande an, fünf Jungen und fünf Mädchen. Weiß der Himmel, was die alles trieben, wenn sie zusammen durch die Straßen zogen. Alles, was türkisch war, schien den jungen Leuten verhasst, und irgendwann krachten Steine gegen die Haustür eines türkischen Nachbarn.

Aydın reagierte so, wie er es von zu Hause kannte. Er sperrte den missratenen Sohn in der Wohnung ein. Aber die lag nur im zweiten Stock, kein Problem für einen wütenden Punk, der nicht den Geist von Köprüköy, sondern den eines sozialen Brennpunkts von Baden-Baden in sich trug. Güven kletterte am Regenrohr hinunter – und war weg. Die Eltern wussten nicht mehr, wie sie ihn bändigen sollten.

Sie sahen nur einen Weg, um größeres Unglück zu vermeiden. Deutschland war Gift für den Jungen, also musste er zurück in die Türkei. Als er 16 war, unternahmen sie die übliche Urlaubsreise nach Ostanatolien. Aydın hatte mit dem gesparten Geld in Erzurum ein Haus gebaut. Dort blieb seine Frau mit dem Jungen, und der Vater beschloss, auch so bald als möglich wieder in die Heimat zurückkehren. Die Eltern brachten Güvens Pass zu einer Verwandten, die ihn für alle Zeit verstecken sollte, damit der Junge nie wieder nach Deutschland könne. Der Pass liegt dort bis auf den heutigen Tag. »Wenn wir Güven in Deutschland gelassen hätten«, sagt der Vater auf dem Sofa, »hätte er wohl noch ganz andere Dinge angestellt.«

War es falsch gewesen, nach Baden-Baden zu gehen? »Nein, nein, es war schon alles gut«, sagt der Mann. Nun deckt die Milde des Alters den Konflikt zu, der ihm und seiner Frau ein Rätsel bleiben wird. Güven lebt jetzt in Erzurum, ist verheiratet und als Wachmann für die Stadtverwaltung tätig. Ja, schon, nach seiner erzwungenen Rückkehr in die Türkei sei er in der Schule nicht so richtig mitgekommen. Ja, schon, er sage seinen Eltern bis heute, dass sie an allem schuld seien. »Aber wo gibt es keine Probleme? Wir müssen zufrieden sein mit dem, was wir haben.«

Ismail Aydın kam 1984, 20 Jahre nach seiner ersten großen Reise, als Rentner nach Erzurum. Zwei Brüder, die auch in Baden-Baden waren, jeder von ihnen zehn Jahre, sind ebenfalls wieder zu Hause. Sie haben zusammen ein Busunternehmen gegründet. Aydın nimmt einen Schluck Tee, legt den Arm um seine Frau und lächelt. Die große Reise von 1964 war doch nicht so groß gewesen. Er hat nichts gesehen außer Baden-Baden. Er hat fast nie deutsch gesprochen. Er hat nur ein paar Sorgen wegen Güven gehabt. »Deutschland war eine gute Zeit«, sagt er. Es hätte alles viel, viel schlimmer kommen können.

Erzurum

Monumente des Schreckens stehen in dieser Stadt. Menschen aus Bronze, die Gewehre und Schwerter, Hacken und Beile schwingen. Gesichter, verzerrt von Hass, Angst und Leid. Erzurum drohte immer Gefahr aus dem Osten. 502 eroberten persische Sassaniden die Grenzfestung des byzantinischen Reiches, die damals Theodosiopolis hieß. 645 fiel sie den Arabern in die Hände. Im 13. Jahrhundert kamen die Mongolen. Im 19. Jahrhundert rissen die Russen die Stadt an sich. Erzurum gilt heute zusammen mit Konya als wichtigste Hochburg konservativer Muslime. Für sie kommt die wahre Gefahr aus dem Westen.

Kapitel 4

ERZURUM

Das falsche Gesicht

Das Rückgrat der Stadt ist die Cumhyriet Caddesi, die Straße der Republik. Sie verläuft schnurgerade von Ost nach West, und es ist, als hätten sich die Bauwerke beiderseits symbolisch angeordnet. Im Osten liegt das alte Erzurum: das Basarviertel, die Zitadelle und die Çifte Minareli Medrese, die Doppel-Minarett-Medrese, eine islamische Hochschule aus dunklem Vulkangestein. Im Westen, beim Kreisel Havuzbaşı, steht ein Denkmal Kemal Atatürks, des Mannes, der die Türken zwang, nach Europa zu blicken, der das Kalifat abschaffte, der Staat und Religion voneinander trennte.

In Erzurum sammelten sich 1919 seine Anhänger zu ihrem ersten Kongress, um das Land vor einer Aufteilung durch die Siegermächte des Ersten Weltkriegs zu bewahren. Sie diskutierten eine Verfassung, die ein politisches Erdbeben auslösen sollte, und formierten sich für die Kämpfe der folgenden drei Jahre. Auf der Westhälfte der Hauptstraße liegt das neue, moderne Erzurum. Nur ein paar Meter neben Atatürks Denkmal sind die blinkenden Glasfassaden entstanden, hinter denen die Industrie- und Handelskammer ihren Sitz hat.

Mehtap Yarbaşı trägt etwas von diesen Kontrasten in sich. Die 23-Jährige ist Sekretärin in der Geschäftsführung. Wenn sie morgens um acht drunten am Eingang durch die Drehtür zu ihrem Arbeitsplatz geht, ist ihr Haar züchtig von einem Kopftuch bedeckt. Sie steigt die breiten Treppen nach oben und sucht zunächst die Toilette auf. Dort nimmt sie das Kopftuch ab und steckt es in ihre Tasche. Die nächsten acht bis neun Stunden ist sie eine adrette junge

Dame mit Dauerwellen, schwingendem Rock und schicken Schuhen mit modischen, halbhohen Absätzen. Gepflegte Erscheinung, würde es bei uns in Stellenanzeigen heißen, aufgeweckt und charmant, begierig darauf, ihr Englisch zu verbessern – eine Perle im Vorzimmer des Präsidenten. Am Ende ihres Arbeitstags geht sie jedoch wieder zur Toilette, holt das Kopftuch aus der Tasche und bindet es sich um. Wenn sie dann durch die Drehtür nach draußen geht, ist ein wesentlicher Teil ihrer Schönheit weggepackt, den Blicken entzogen. Ihr hübsches Gesicht wirkt ein wenig schmal und streng. So, wie die junge Frau es eigentlich immer haben möchte.

Dies ist keine Geschichte, die in vertraute Schubladen passt. Die treibende Kraft hinter ihrem Kopftuch ist nicht etwa ein eifersüchtiger türkischer Mann, der es nicht erträgt, dass andere außer ihm ihrer Schönheit teilhaftig werden. Es ist nicht der finster dreinblickende Bruder, der die Ehre der Familie verteidigt. Es ist nicht der strenge Vater, die Mutter oder der Onkel, die der jungen Frau dieses Kleidungsstück verordnet haben. »Es ist«, so sagt sie, »von Anfang an mein freier Wille gewesen.«

In den Flugzeugen, die, aus Teheran kommend, über Erzurum hinweg nach Westen rauschen, kann man Frauen beobachten, die mit glücklichem Lächeln aus der Bordtoilette auftauchen, wo sie erlöst das Schleierzeug vom Körper nahmen, das sie im Iran der Mullahs tragen müssen. Mehtap tut, wenn sie darf, das exakte Gegenteil. Und ärgert sich jeden Tag darüber, dass ihr in der Kammer, einer öffentlichen Institution, das Tragen des Kopftuchs verboten ist.

Was ist geschehen mit dieser Frau? Ist das jugendlicher Trotz? Ein vorübergehender Modetick? Oder vielleicht doch etwas, das aus geistigen Tiefen kommt, die einem Westler nicht auf Anhieb zugänglich sind? Wir sitzen in der Lobby vor dem Chefzimmer. Menschen mit Schriftstücken hasten an uns vorbei, in der einen Hand einen Aktenordner, die andere klebt mit dem Handy am Ohr –

ein Alltag wie in jeder Kammer der Welt. Mehtap aber erzählt von ihrem Traum, »und meine Träume sind bisher eigentlich immer wahr geworden«. In diesem Traum sah sie sich selbst, wie sie ein Kopftuch trug und betete. »Ich hatte immer auf das richtige Zeichen gewartet«, sagt sie. »Jetzt wusste ich: Das Zeichen war da.«

Sie kenne sehr wohl das Spiel der Geschlechter, sagt sie, zwischen Mann und Frau sei immer ein Reiz. Ohne Kopftuch sei die Grenze zwischen Freundlichsein und Flirten manchmal gar nicht so leicht zu ziehen, »du musst auf alles genau achten, was du tust«. Wenn sie aber das Tuch trage, sei es ganz einfach, eine Distanz zu Männern herzustellen – die impertinenten Blicke blieben aus. »Ich will eine Grenze ziehen«, sagt sie. »Ich will nicht auf allen Ebenen erreichbar sein. Ich will ein bisschen geheimnisvoll bleiben.«

Sie weiß natürlich, was das Kopftuch in der Türkei bedeutet. Es ist nicht mehr nur eine Tradition, die von der Großmutter über die Mutter auf die Tochter übergeht. Es ist für viele auch ein Bekenntnis, dass für sie die Religion über Staat und Gesetzen steht – ein Affront gegenüber der modernen Türkei. Mehtap sagt, sie habe mit diesen Leuten nichts zu schaffen. »Die verfolgen ganz andere Interessen. Sie begreifen das Kopftuch als Waffe. Für mich ist es kein Instrument, sondern eine ganz private Angelegenheit.«

Sie wollte einen Arbeitsplatz ohne Konflikt mit dem Gesetz. Dieses Glück hat sie leider nicht gehabt. So schaut sie im Büro öfter mal in den Spiegel und kommt zu dem Schluss: »Irgendwas ist falsch. Meine Fassade stimmt nicht. Ich spüre, dass ich im Innern etwas bin, was mit meinem Äußeren nicht übereinstimmt.«

Ihr Freund sagt, sie solle sich so kleiden, wie sie sich am wohlsten fühle. Ihre Freundinnen schütteln in der Mehrzahl den Kopf. Mehtap aber folgt dem Weg, der ihr durch den Traum gewiesen wurde. »Es ist eine Art sechster Sinn«, sagt sie. »Und der ist bei mir besonders stark ausgeprägt.«

Diyarbakır

An Zäunen mit dem roten Warnschildchen steigt jedes Mal die Spannung. Militärgelände – Vorsicht, Schusswaffengebrauch! Die Spezies des Wanderers ist in der Türkei so gut wie unbekannt. Wer also ist dieser Mensch, der einen Rucksack auf dem Rücken trägt? Was schleppt der hier vorbei? Der Wachsoldat verfolgt jeden meiner Schritte, Ich suche Blickkontakt, nicke freundlich, grüße schon von weitem laut auf türkisch. Aber das könnte ja auch eine Täuschung sein. Ich sehe seine nervösen Augen. Sehe, wie er etwas aus mir herauszulesen versucht. Spüre seine Zweifel und seine Unsicherheit. Warum läuft dieser Mann hier zu Fuß entlang? Ich bin allein mit meinem Rucksack. Er ist allein mit seinem Befehl, seiner Angst, seiner Verantwortung. Der große Guerillakrieg der Kurden im Südosten ist vorbei. Aber Attentate von versprengten Gruppen gibt es nach wie vor: in den Touristenorten an der Küste, in den kurdischen Siedlungsgebieten, auch hier in Diyarbakır. Fast jede Woche sendet das Fernsehen entsprechende Bilder. Ich höre deutlich, wie es hinter dem Zaun klickt. Der Soldat entsichert die Waffe, als ich noch zehn Meter von ihm weg bin. Er hat den Finger am Abzug, als ich ihn passiere. Noch fünfzig Meter, dann ist das Kasernengebiet zu Ende. Ich höre schwach ein zweites Klicken, er hat seine Waffe wieder gesichert. Ich atme kräftig durch. Und der Soldat wohl auch.

Kapitel 5

BAĞAKA

Der Trotz auf Trümmern

Wer wagt es, mit mir in ein zerstörtes Dorf zu fahren? Der kurdische Dolmetscher fragt bei Freunden und Verwandten. Alle sagen sie Nein. Wir suchen die Vereinigung GÖC-DER auf, die sich um Flüchtlinge und Vertriebene kümmert. Dort beginnt ein wildes Telefonieren. Erzählen, ja, das möchten sie alle. Aber zurück zum Ort des Schreckens? Da zucken sie zusammen. »Zu gefährlich«, ist die monotone Antwort. Ist es wirklich das? Oder die Furcht davor, dass in den Ruinen kaum verheilte Wunden aufbrechen könnten?

Wir rennen acht Stunden lang zu Hinz und Kunz, quer durch Diyarbakır, die heimliche Hauptstadt von schätzungsweise 15 Millionen Kurden in der Türkei. Erschöpft und schon ein wenig resigniert sitzen wir abends in einem Teehaus. Zwanzig Männer bilden einen Kreis um uns, jeder von ihnen drückt mir die Hand. Wir sagen uns Freundlichkeiten, nippen an den schlanken Gläschen. Auf einmal ist es wie einst droben in den Bergen, wo ich in früheren Jahren schon mehrmals bei Kurden war. Sie wollen erst mal mein Gesicht sehen. Sie wollen, dass ich ihr Gast bin. Ich erzähle noch einmal, was ich vorhabe, obwohl sie es vermutlich längst wissen. Aber sie wollen es aus meinem Munde hören. Als ich fertig bin, nicken sie, schlürfen Tee, sagen eine Weile nichts. Dann kommt der Mann auf mich zu, der hier serviert. »Ich bin Ibrahim«, sagt er. »Wenn Sie wollen, fahren wir morgen früh. Ich werde ein Auto organisieren.«

Wir sind zu viert, als wir am nächsten Tag aufbrechen. Ibrahim, der Fahrer, der Dolmetscher und ich. Wir versuchen eine plausible

Geschichte zu konstruieren, falls wir in eine Straßensperre geraten. Aber keine Version klingt überzeugend. Wieso fahren drei Kurden mit einem Deutschen in Ibrahims einstiges Heimatdorf? Es ist zwar nicht mehr verboten, der Ausnahmezustand wurde im November 2002 aufgehoben. Aber es ist auch nicht normal, der kontrollierende Soldat könnte auf den Gedanken kommen, es dem Kommandanten zu melden, und dann gäbe es höchstwahrscheinlich einen Grund, meinen Dorfbesuch zu verhindern. Wir beschließen, es darauf ankommen zu lassen. Wir haben keine andere Wahl.

Von 1984 bis 1999 tobte hier der Krieg. Auf der einen Seite standen junge Kämpfer der »Arbeiterpartei Kurdistans« (PKK), grobschlächtig ideologisiert von Abdullah Öcalan, der sich als Freiheitsheld feiern ließ. Sie brachten Menschen um, die als Feinde des kurdischen Volkes galten, nicht nur Soldaten und Polizisten und von der Regierung eingesetzte Dorfschützer, sondern auch Lehrer und Zeitungsverkäufer – eigentlich jeden, den sie als »Verräter« entlarvt hatten. Auf der anderen Seite standen Armee und Gendarmerie, die den Aufstand dadurch brechen wollten, dass sie sympathisierende Hirten und Bauern vertrieben, Dörfer bombardierten und niederbrannten, Festgenommene folterten, um aus ihnen Informationen herauszupressen. In diesen 15 Horrorjahren kamen in Südostanatolien mehr als 30 000 Menschen uns Leben, mehr als 3000 Dörfer wurden zerstört, mehr als drei Millionen Menschen verloren ihre Heimat. Als Öcalan den Sicherheitskräften in die Hände fiel, hatten die Kämpfer ihren Führer verloren. Ein paar Splittergruppen kämpften zwar weiter. Doch der Kampf der Kurden um einen eigenen Staat brach zunächst einmal in sich zusammen. Die Narben, die er hinterließ, sind tief und nicht zu übersehen.

Unser Ziel liegt 80 Kilometer südöstlich von Diyarbakır. Es heißt Bağaka auf türkisch, Ibrahim nennt es Bakustan, das ist der kurdische Name. Dort lebte er die ersten 29 Jahre seines Lebens. Wir fahren auf der Straße nach Mardin, dann biegen wir links ab Richtung Sürgücü. Wir dringen ein in die typische Landschaft dieser Region: kahle, felsige Hügel, von grünen, fruchtbaren Tälern durchschnitten. »Wir hatten Weinberge und Gemüsefelder, Apfel- und Aprikosenbäume, zwei Kühe, zwei Ochsen, 45 Ziegen«, sagt Ibrahim. »Wir hatten ein gutes Leben im Dorf. Wir waren eine reiche Familie.«

Die Asphaltstraße geht in eine Erdstraße über. Ibrahim deutet auf die Strecke und den Bergkamm vor uns. »Hier hatten die PKK-Leute Minen gelegt«, sagt er. »So jagten sie einen Armeekonvoi in die Luft. Die Soldaten, die die Explosion überlebten, wurden von den Höhen aus unter Feuer genommen. Von dort, sehen Sie, haben die Kämpfer geschossen. Dort oben hatten sie sich verschanzt und auf den Konvoi gewartet.« Ich ahne, was die Reaktion des Militärs auf diesen Angriff war. Ein paar Minuten später sehe ich es.

Wir stapfen zu Fuß durch die Ruinen des Dorfes. Bağaka alias Bakustan hatte 120 Häuser, in denen 500 Menschen lebten. 1992 brannten Soldaten die ersten acht Häuser nieder und vertrieben die Bewohner. 1994, als ein paar Familien wieder zurückgekommen waren, ging endgültig alles in Flammen auf. Seit zwei Jahren sind 65 Leute wieder da, 22 Häuser halbwegs hergerichtet. Die Rückkehrer mussten zuvor unterschreiben, dass sie wegen Terrorismus ihre Heimat verlassen hätten. Wer dieses Papier unterzeichnet, verzichtet auf Entschädigung. »Terrorismus«, so die offizielle Terminologie, geht stets nur von der Seite aus, die nicht für die Regierung steht. Das ist in der Türkei nicht anders als in allen Staaten der Welt.

Das Dorf zieht sich terrassenartig den Hang hinauf, von oben hat man einen weiten Blick ins Tal. Aber was ist das noch wert? Wir stolpern zwischen zerfallenden Häusern hindurch, die Brandspuren tragen. Mauerwerk ist zu Steinhaufen zerschossen, die sich in den Gassen auftürmen. Fehlende Dächer, fehlende Fenster, fehlende Türen. Ab und zu sehe ich ein paar kleine Sträucher, die in

Konservendosen stehen – der zaghafte Kampf um ein Stück neues Leben.

»Sehen Sie«, sagt Ibrahim. »Hier ist einer der Kämpfer gestorben. Er verteidigte sich bis zuletzt. Vier seiner Kameraden waren schon geflüchtet, wir hatten unterirdische Tunnel, durch die konnten sie entkommen.« Er zeigt auf eine Hauswand, wo Gestein abgeplatzt ist, hier schlugen Kugeln ein. »Dort drüben, links von dem Baum, wollten wir ihn begraben. Dort ist der Friedhof. Die Soldaten hinderten uns daran. Zwei Tage später kamen Familienangehörige von ihm und nahmen den Leichnam mit.«

Wir steigen über Trümmer, die nur noch in groben Umrissen erkennen lassen, wie dieses Gebäude einmal ausgesehen hat. »Dies«, sagt Ibrahim, »war das Haus, in dem ich lebte. Meine Frau lebte hier, meine Töchter Eylem, Jihan und Kadriye, meine Söhne Berxwedan, Serhildan und Dawûd. Insgesamt waren wir elf. Nun ist alles weg, für immer weg. Es ist nichts geblieben, was sich aufzubauen lohnt.«

Ibrahim Demirkıran, Jahrgang 1963, hat seine Existenz verloren. Hadert er mit dem Schicksal? Traurig, verbittert, verzweifelt, Tränen in den Augen? Nein, vor mir steht ein Mann, der lächelt. Der stolz ist auf sich und dieses Dorf. Der nichts bereut. »Ich sehe noch immer die Flammen«, sagt er. »Ich spüre, wie sie in meinem Herzen lodern. Es gab keinen bei uns, der nicht für die PKK war.«

»Was hat die PKK denn erreicht?«, frage ich.

»Wichtige Dinge«, sagt er. »Wir wissen jetzt, wer wir sind. Vorher wussten wir es nicht. Wir waren einfach nur Sklaven der Regierung.«

Höre ich recht? Verstehe ich recht? Er hat alles verloren, sein Haus, sein Land, seine Tiere. Arbeitet jetzt als Kellner in einer verräucherten Teestube. Und sagt, er sei früher ein Sklave gewesen und jetzt ein aufrechter Mann? Kennt die Indoktrination denn gar keine Grenzen? Oder kann wirklich nur ein Kurde verstehen, was er da sagt?

»Öcalan, euer Führer, sitzt für den Rest seines Lebens im Gefängnis«, sage ich. »Seit seiner Festnahme redet er so zahm, als habe er nie etwas mit bewaffnetem Kampf zu tun gehabt. Fühlst du dich nicht von ihm verraten?«

»Wir sind noch immer bereit, für ihn sterben«, sagt Ibrahim.

Ich bin hin und her gerissen zwischen Entsetzen und Bewunderung. Leute wie Ibrahim gibt es zu Hunderttausenden. Sie folgten einem Revolutionär mit krausem pseudomarxistischen Vokabular, der Gegner außer- und innerhalb seiner Partei umbringen ließ. Sie erfuhren aber auch, was es bedeutet, für einen Traum zu kämpfen – es zählt für sie mehr als aller materieller Besitz.

Der neue Dorfvorsteher kommt auf uns zu. Er hat uns schon seit einiger Zeit beobachtet. »Ich möchte nicht, dass ihr länger hier bleibt«, sagt er finster. »Der Militärkommandant hat gesagt, wenn es auch nur den geringsten Ärger gäbe, müssten wir unsere Sachen wieder packen. Bitte versteht! Wir wollen keinen Ärger.«

Wir verstehen und machen uns auf den Heimweg. Was wird aus den stolzen Kurden in einer von Flüchtlingen überquellenden Stadt? In Diyarbakır, so heißt es, gibt es nun 350 000 kriminelle Delikte pro Jahr. Kaum jemand in dem Heer von Entwurzelten hat eine richtige Arbeit. Die Demütigungen der Vergangenheit, in der Kurden als Bergtürken galten und ihre Sprache offiziell verboten war, sind zwar unter dem Druck Europas einer etwas liberaleren Politik Ankaras gewichen. Aber die Last der Geschichte ist schwer.

Im Autoradio hören wir von einem neuen Anschlag im Osten der Türkei. Zwischen den Dörfern Seydibey und Akçagül in der Provinz Van ist ein Minibus auf eine Mine gefahren. Sieben Menschen wurden verletzt ins Krankenhaus gebracht.

»Wirst du je wieder ins Dorf zurückgehen?«, frage ich Ibrahim.

»Ja«, sagt er und lächelt. »Aber ohne Unterschrift, ohne Konzession. Erst dann, wenn wir wirklich freie Menschen sind.«

Diyarbakır

Ein Forscher der Dicle-Universiät hat ein Meinungsbild zum Thema »Ehrenmorde« erstellt. Er befragte 430 Leute aus der Region, 78 Prozent davon Männer, 22 Prozent Frauen. Die erste Frage hieß: Was soll mit einer Frau geschehen, die Ehebruch begeht? 16 Prozent meinten, sie sollte unbestraft bleiben. 25 Prozent waren für eine Scheidung. Die meisten jedoch, 37,4 Prozent, votierten für die Todesstrafe. 21,6 Prozent forderten eine alternative Strafe, zum Beispiel das Abschneiden von Nase oder Ohr. Die meisten Anhänger der Todesstrafe meinten, die Frau solle sich selber umbringen, andernfalls müsse sie vergiftet werden. Ich zeige den entsprechenden Zeitungsbericht meinen Gesprächspartnern in Diyarbakır. »Hat es eigentlich auch mal eine Umfrage über Ehebruch von Männern gegeben?« Die Leute lächeln amüsiert. Keiner kann sich erinnern, jemals davon gehört zu haben.

Kapitel 6

DIYARBAKIR

Der Abschied von gestern

Ihre Körpersprache täuscht. Das weiß ich natürlich erst am Ende und nicht, als ich die Frau zum ersten Mal sehe. Da sitzt sie vor mir als reglose Gestalt, den Kopf leicht gesenkt, die Hände in den Schoß gelegt. Sie spricht mit leiser Stimme, ohne Höhen und Tiefen, ohne Ausbruch von Gefühlen, fast monoton. Gülsüm Koyıncu hat die ersten 20 Jahre ihres Lebens nie andere Gesten zeigen dürfen als die des Gehorsams. Erst seit einem Jahr ist das anders. Aber nicht alles verändert sich im Leben so schnell.

Die Geschichte, die sie erzählt, ist ganz und gar nicht ungewöhnlich. Tausende von Frauen in Diyarbakır, Hunderttausende in der Region, würden sie so oder ähnlich auch erzählen, wenn sie dazu die Gelegenheit hätten. So wie die ersten 20 Jahre bei Gülsüm verliefen, war es seit ewigen Zeiten Tradition. Und ist es im Osten der Türkei meist heute noch. Nur in dem einen, dem 21. Jahr, war auf einmal alles anders. Entsprechend tief ist der Bruch mit der Vergangenheit. Und den muss Gülsüm erst einmal verarbeiten.

Sie wurde 1983 in Diyarbakır geboren, hatte drei Brüder und vier Schwestern. Der Vater war Malermeister und hatte im Stadtteil Bağlar einen kleinen Laden. Gülsüm ging fünf Jahre auf die Grundschule, dann sagte der Vater, das sei für sie als Mädchen genug. Sie hätte gern noch mehr gelernt, aber der Vater erlaubte es nicht. So musste sie ihm im Laden helfen, Kunden bedienen und sauber machen, obwohl sie eigentlich ganz andere Interessen hatte. Gülsüm stand also im Laden und war traurig, weil sie nichts mehr lernen durfte. So vergingen ihre Jugendjahre, auf ein paar Quadratmeter Fläche zwischen Wohnung und Laden. Die junge Kurdin wusste nichts von ihrer Stadt, nichts von ihrem Land. Und von ihrem Leben wusste sie nur, dass es wohl nicht so ablaufen würde, wie sie es sich wünschte.

Als sie 19 war, sagte der Vater, es sei nun die Zeit für die Heirat. Seit zwei Jahren schon, das hatte sie mitbekommen, hatten ihre Eltern mit einer anderen Familie entsprechende Absprachen getroffen. Der ausersehene Mann war Mehmet, er hieß genauso wie ihr Vater und war weitläufig mit der Familie verwandt. Er war Kurde wie sie, stammte aus dem Dorf Pınarlı, eineinhalb Stunden von Diyarbakır entfernt, hatte dort als Jugendlicher Schafe gehütet, seit dem Umzug seiner Familie in die Stadt war er arbeitslos. Gülsüm hatte ihn nie gesehen, und als er zum ersten Mal ins Haus kam, mochte sie ihn auf Anhieb nicht. »Das wird sich schon geben«, sagte Mehmet Koyıncu und handelte die Mitgift aus. »Bitte widersprich deinem Vater nicht«, bettelte die Mutter, aber mehr aus Angst als aus Überzeugung. »Da weinte ich und gab auf«, sagt Gülsüm. Ihre Hände wippen kurz im Schoß und bleiben dort dann wieder still liegen.

Gülsüm zog zu dem Mann, den sie immer noch nicht mochte. Das Geld reichte hinten und vorn nicht, Mehmets Vater streckte am Anfang einiges vor, aber als er merkte, dass sein Sohn nie etwas zurückzahlte, stellte er irgendwann die Zahlungen ein. Gülsüm flehte darum, sie arbeiten zu lassen, wenigstens solange sie noch keine Kinder habe, das sei doch finanziell besser für sie beide. »Kommt nicht in Frage, dein Platz ist zu Hause«, war die Antwort. So gab es Streit, und der Streit wurde immer schlimmer, und am Ende entschied ihr Mann die Auseinandersetzungen so, wie er es von zu Hause kannte: durch Schläge.

Nach sieben Monaten flüchtete Gülsüm zurück in die Wohnung ihrer Eltern. Die aber haderten mit ihr: »Du hast einen Mann und ein

Haus«, sagten sie. »Das ist der Platz, an dem du zu sein hast.« Ihr Mann rächte sich dafür, dass sie ihn verlassen hatte. Er erzählte schlimme Geschichten über sie, und als die Eltern sie zu Ohren bekamen, wurde alles noch viel schlimmer.

»Was hat er denn über Sie erzählt?«, frage ich.

»Ich kann es Ihnen nicht sagen«, antwortet sie. Ihre Stimme stockt, und Röte schießt in ihr Gesicht. »Ich kann es Ihnen wirklich nicht sagen ...«

Ihr kam vor, als hätten sich alle gegen sie verschworen. Die einzige Freundin, mit der sie früher ab und zu mal reden konnte, war ebenfalls gegen ihren Willen verheiratet worden und hatte genug mit ihrem eigenen Unglück zu tun. Ihre Mutter war zu schwach, um sich gegen den Vater zu stellen. Ihr Mann hoffte, dass die Schwiegereltern die widerspenstige Frau gefügig machen und wieder zu ihm zurückbringen würden. »Inzwischen hasste ich ihn noch mehr als zuvor«, sagt Gülsüm. Mit der Zeit aber spürte sie, dass sie mit jedem Tag, den diese Auseinandersetzung dauerte, stärker wurde. »Lieber lebe ich allein«, sagte sie schließlich zu ihrer Mutter, »als dass ich zu ihm zurückkehre.«

Gülsüms Augen blicken an mir vorbei und verlieren sich an der Wand des Raumes, in dem wir sitzen. Ich spüre, wie die Szenen jener fürchterlichen Wochen an ihr vorüberziehen. Mit einem Mal ist sie mit den Augen wieder bei mir. »Mit Fatma kam die Wende«, sagt sie. »Fatma hat mir von dem Projekt erzählt.«

Fatma, ihre ältere Schwester, war ebenfalls verheiratet. »Zum Glück«, sagt Gülsüm, »klappte es bei denen etwas besser.« Fatma nahm sie eines Tages zu einer Frauenkooperative mit, die von der Schweizer Hilfsorganisation »Swiss Aid« gefördert wurde. Die Kooperative bestand aus mehreren Gruppen. Die Frauen lernten nähen und stricken und verkauften diese Waren auf dem Markt. Sie kochten für die örtliche Industrie- und Handelskammer und gingen nebenher auch noch zur Schule. »Die taten all das«, sagt Gülsüm, »wovon ich immer geträumt hatte.«

Nun hatte sie auf einmal bessere Karten gegenüber ihrem Vater. Zum einen stellte sich heraus, dass all die üblen Geschichten, die ihr Mann über sie ausgestreut hatte, erstunken und erlogen waren; damit war er als Lügner entlarvt. Zum anderen nahm die ältere Schwester den Vater ins Gebet. Sie selber mache bei der Gruppe mit, sagte sie ihm, es gebe dort nur Frauen und keinen einzigen Mann. »Dann soll sie in Gottes Namen ihren Willen haben«, knurrte er schließlich. Aber eines stellte er noch immer klar: »Wir brauchen kein Geld, das eine Frau nach Hause bringt.«

Gülsüm strahlte und schloss sich der Kochgruppe an. Zehn Frauen sind es nun, die täglich für die Mitarbeiter der Kammer kochen. Jede von ihnen hat ihren Kampf zu Hause gehabt, aber alle haben sie ihn gewonnen. Gülsüm beschloss, sich für einen Kochkurs anzumelden, um ihre Kenntnisse zu erweitern; in einem Jahr will sie die erste Prüfung ablegen. Nebenher besucht sie eine weiterführende Schule; dort saugt sie sich jetzt voll wie ein Schwamm. »Wenn ich abends Zeit dazu habe« sagt sie, »lese ich Romane und Gedichte – mich interessiert die türkische Literatur.« Die Leute von der Kammer sagen mir: »Wenn wir die Gülsüm von jetzt mit der Gülsüm vor einem halben Jahr vergleichen – das ist ein Unterschied wie Tag und Nacht.«

Der Tag ihres größten Triumphes war der Tag, an dem sich der Vater herbeiließ, sie einmal an ihrem Arbeitsplatz zu besuchen. Sie kochte ihm ein Mittagessen, das schmeckte ihm, und auf einmal fand er es doch nicht so schlecht, dass sie jeden Monat selbst verdiente 200 Lira nach Hause bringt. »An diesem Tag«, sagt sie, »war ich zum ersten Mal im Leben richtig glücklich.«

»Hat er sich am Ende gar entschuldigt?«, frage ich.

Nun muss sie zum ersten Mal doch richtig lachen. »Verlangen Sie mal nicht zu viel!«, sagt sie. »Nie im Leben wird er so was tun! Ich bin vollauf zufrieden damit, dass er nicht mehr schimpft.«

Sie ist mittlerweile geschieden und schwört, vom Heiraten erst mal genug zu haben. Sie lebt weiterhin bei ihren Eltern und geht jetzt abends gern nach Hause. In diesem einen, dem 21. Lebensjahr, errang sie mindestens so viele Siege, wie sie vorher Niederlagen erlitten hatte. Als sie ihre Geschichte zu Ende erzählt hat, sage ich ihr, sie könne mit ihrem Beispiel sicher auch anderen Frauen Mut machen. Ihre Augen leuchten, ihre Stimme kommt mir jetzt schon fester vor. Die Kooperative trägt den Namen »Kybele« – das sei, sagt sie, eine alte Göttin der Hethiter, die einst die Kraft der Frauen symbolisierte.

»Kommen Sie zum Mittagessen?«, fragt sie mich. »Ich möchte auch für Sie etwas kochen. In einem Jahr werde ich sogar wissen, wie man schöne Cocktails macht.«

Es sind 2800 Kilometer bis Frankfurt und nur 650 Kilometer bis Bagdad. Aber Gülsüm Koyıncu hat sich, ohne es zu wissen, ein Stück in Richtung Europa aufgemacht.

Turabdin

Das Kloster Mar Gabriel liegt in der Landschaft Turabdin, knapp 30 Kilometer östlich von Midyat. Von der Route nach Idil zweigt eine asphaltierte Zufahrtsstraße ab. Diese letzten zweieinhalb Kilometer gehe ich zu Fuß. Es ist wie ein Weg zurück in die Geschichte. Auf einem lang gestreckten Hügel liegt die letzte Trutzburg der syrisch-orthodoxen Kirche. Mar Gabriel hat ein biblisches Alter, vermutlich wurde es schon im Jahr 397 gegründet. Mehr als 400 Mönche sollen hier einmal gelebt haben, als diese Gegend ein Kernland des Christentums war. Heute residieren hinter den mächtigen Mauern außer dem Metropoliten Samuel Aktas, gerade mal zwei Ordensbrüder und 14 Nonnen. Noch stemmen sie sich gegen den Untergang. 25 Internatsschüler lernen das alte Aramäisch, die Sprache von Jesus. Und sechs Jugendliche sind aus Europa gekommen, wohin in den vergangenen Jahrzehnten fast alle Aramäer geflüchtet sind. Einer der jungen Leute ist aus Schweden, einer aus Holland, vier sind aus Deutschland: Manuel Akbaba aus Rheda-Wiedenbrück, Eliyo Akbaba, Petrus Ogur und Nuri Tastekin aus Gütersloh. Sie bleiben hier drei bis vier Jahre, um Aramäisch zu lernen und so die ehrwürdige Kirchensprache vor dem Aussterben zu bewahren. Ihre Eltern sehen es als Tribut an die verlorene Heimat. Immer wieder klingeln aramäische Besucher aus Europa an der Pforte. »Wir mussten leider weg aus diesem Gebiet«, sagt mir einer von ihnen. »Aber mit dem Herzen sind wir immer noch hier.«

Kapitel 7

TURABDIN

Die einsame Glocke

Zwei Wochen lang bin ich nun schon daran gewöhnt, fünf Mal am Tag die Stimme des Muezzins zu hören. Mal klingt sie sehr feierlich, und die Spannung während der langen Atempausen fesselt mich unwillkürlich. Mal klingt sie schnarrend und aufdringlich, so dass ich mich dabei ertappe, unwirsch zu werden. Dies sind meine kleinen selbst gemachten Erfahrungen mit dem Zusammenstoß von Kulturen. An diesem Tag aber höre ich, 46 Kilometer östlich von Midyat, zum ersten Mal auf meiner Reise eine Glocke läuten. Ihr Klang weht sanft, fast schüchtern über das Dorf Öğündük, das auf Aramäisch Midin heißt. Es ist nachmittags kurz vor fünf, der Priester Melke Tok zieht an einem Strick, der im Glockenturm der uralten, 375 erbauten Kirche herunterhängt. Ich komme gerade recht zum Abendgebet.

Zwei Mädchen und eine kleine Schar von Jungen, an zwei Pulten voneinander getrennt, gestalten diese Feier. Sie singen Choräle in jener alten, seltsamen Sprache, die mal arabisch und mal hebräisch, mal persisch und mal griechisch klingt. Es ist die Sprache, die bis vor 2000 Jahren in Mesopotamien und Persien, in Syrien und Palästina gesprochen wurde. Sie lesen die Texte, die in aramäischer Schrift verfasst sind, aus einem handgeschriebenen Gesangbuch. Ein Chorleiter dirigiert mit Hingabe den Wechselgesang der zwei Gruppen. »Dies ist unsere Kultur«, sagt er am Ende des Abendgebets. »Nur wenn diese Kinder sie weitertragen, wird sie überleben.«

Handkuss für den Oberhirten: Besuch bei Bischof Samuel Aktaş

Die Landschaft um uns herum ist von biblischer Erhabenheit und Strenge. Turabdin ist ihr historischer Name, »Berg der Gottesknechte«. Im 6. Jahrhundert wurde hier durch Bekehrung der ansässigen Juden die syrisch-orthodoxe Kirche gegründet, eine der zahlreichen Ostkirchen, die in wachsender Spannung zum Papsttum in Rom lebten und sich auch untereinander heftige Glaubenskämpfe lieferten. Im 12. und 13. Jahrhundert, in der Endphase des byzantinischen Reiches, erlebte sie ihre Blütezeit. Dann kamen die aramäischen Christen für mehr als ein halbes Jahrtausend unter die Herrschaft der Osmanen. Als die Jungtürken 1915 ihren Vernichtungsfeldzug gegen die Armenier starteten, gingen auch syrisch-orthodoxe Kirchen in Flammen auf – Feuerzeichen, die ankündigten, dass die Zeiten der friedlichen Koexistenz vorbei waren.

Ich bin mit David Üre nach Midin alias Öğündük gekommen, in das Dorf seiner Kindheit. Seit 22 Jahren lebt er in der Schweiz, spricht eine Mischung aus Hoch- und Schweizerdeutsch mit orientalischem Akzent, und jedes Jahr im Urlaub hat er nur ein einziges Ziel: zurück zu dem Ort, wo der Rest der Familie noch lebt. Wir lernten uns im Kloster Mar Gabriel kennen, nun streife ich mit ihm durch die Gassen und versuche seinen Entschluss zu begreifen. »Dieses Dorf ist rein christlich«, sagt er. »Davon gibt es im ganzen Turabdin nur noch drei.«

Die Verfassung der modernen Türkei garantiert die Freiheit des Glaubens und die Gleichheit aller Bürger. Aber sie hat nicht verhindern können, dass die Wirklichkeit sich manchmal anders entwickelte, als es auf dem Papier stand. Die Aramäer waren keine Muslime, sondern Christen, und sie sprachen untereinander nicht türkisch, sondern eben ihre uralte Sprache, die sich im Turabdin erhalten hatte. Das nährte bei Menschen, mit denen sie zusammenlebten, immer wieder den Verdacht, dass sie mit ausländischen Mächten gegen die Integrität der Türkei agierten. *»Türk'ün Türk'ten başka dostu yoktur«*, heißt ein alter Slogan, der bis heute Konjunktur hat, »Der Türke hat außer dem Türken keinen Freund«.

Von 1982 an mussten ihre Kinder in der Schule am islamischen Religionsunterricht teilnehmen, sie mussten Koranverse, rituelle Gebete und die Grundlagen des Islam auswendig lernen; erst 1990 wurden sie wieder davon befreit. Etwa ab 1984 versuchte die kurdische Guerilla, die Aramäer auf ihre Seite zu ziehen. Das rückte sie ins Blickfeld des Militärs und der von der Regierung rekrutierten Dorfwächter. Kurdische Großgrundbesitzer, eifernde Imame, fanatische Hizbullah-Aktivisten – die Christen gerieten zwischen alle Fronten. Die Statistik sagt in nüchternen, ernüchternden Zahlen, welche Folgen das hatte. 1979 lebten im Turabdin noch 25 000 syrisch-orthodoxe Christen. Heute sind es gerade noch 2000.

David Üre erzählt, was ihn vor hier vertrieb. »Sie haben unsere Wein- und Melonenfelder zerstört. Meinem Onkel haben sie 20 Schafe gestohlen. Am Ende ging mein Vater schon mit Gewehr und Pistole aufs Feld.« Es seien immer Muslime aus Nachbardörfern gewesen, sagt er, die Aramäer sollten wohl mürbe gemacht werden. Wer sich gegen Räuber nicht wehrt, so der traditionelle Stammeskodex der Kurden, hat die Schande, die über ihn kommt, selbst verdient. Wer seine Besitzrechte nicht verteidigt, der hat sie verwirkt.

»Es war schwer, ganz schwer, von hier aus in die Schweiz zu gehen«, sagt er. »Das erste Jahr lief ich im Kanton St. Gallen von Dorf zu Dorf, um eine Arbeit zu suchen. Ich verstand die Leute nicht und hatte keine Freunde. Nach einem Jahr hasste ich wirklich alle Schweizer. Dann kam ich in einen Textilbetrieb, allmählich wurde es besser, jetzt bin ich Hilfsschlosser in Türbental.« Er lebt dort mit Frau und zwei Kindern, und die Familie hält sich an dem Satz fest, den ihm die Leute in seinem Heimatdorf bei jedem Besuch beschwörend sagen: »Vergesst nicht eure Jesus-Sprache!«

Der Turabdin hätte ein Modell für friedliche Koexistenz werden können. »Es gibt auch einige Fälle, wo es ganz gut funktioniert«, sagt Üre. »Es gibt ein paar Freundschaften zwischen Christen und Muslimen.« Aber die Leute, die Feindschaft säen wollten, waren stärker, sonst hätte es den Exodus nicht gegeben. In gemischt-konfessionellen Dörfern wurden Christen auf dem Weg zur Kirche mit Steinen beworfen. Kreuze und Jesusbilder wurden bespuckt, Kirchenfenster zerschossen oder zerschlagen.

Wir gehen ins Haus seiner Eltern zum Abendessen. Die Großmutter bringt Spiegeleier, Käse und Joghurt aus eigener Produktion. Wir sitzen auf der Veranda im ersten Stock, über uns wölbt sich der sternenklare Nachthimmel, die Hitze des Tages ist gewichen. »Es könnte so schön sein hier«, sagt Üre. »Es ist jetzt jedenfalls besser als früher«, sagen die anderen, die im Dorf geblieben sind. »Solange hier Krieg war, mussten wir immer Nachtwachen aufstellen. Heute fühlen wir uns viel sicherer.«

Wir legen uns alle auf der Veranda zum Schlafen. Nur das Stampfen von Kühen, die unten im Hof ihre Ställe haben, durchdringt ab und zu die nächtliche Stille. Wie lange wird es noch dauern, bis diese Epoche zu Ende geht? In Mardin leben noch 600 Christen unter 62 000 Muslimen. In Midyat, wo Aramäer bis vor 40 Jahren den Handel und das Handwerk beherrschten, sind es 350 Christen unter 63 000 Muslimen. Und dann noch ganze drei aramäische Dörfer: Midin, Psörino, Chrabale. Ich starre auf die Sterne und lasse die Szenen der vergangenen zwei Tage an mir vorüberziehen. Die Besucher im Kloster, die dem Metropoliten ehrfürchtig die Hand küssen. Die 15- und 16-jährigen jungen Leute aus Europa, die Gäste durch geisterhaft leere Räume führen. Und den Mann, der an der Pforte sagte: »Der Turabdin ist noch immer meine Heimat. Hier und nirgendwo sonst will ich begraben werden.«

Şanlıurfa

Diese Stadt hat orientalischen Zauber. Schwarzäugige Araber sitzen im Basar. Alte Kurden in Pumphosen spielen am Straßenrand Backgammon. Die Mauern der Zitadelle stammen aus der Zeit der Kreuzritter. Zu Füßen der Burgruinen pilgern verschleierte Frauen zur Mevlid-i-Halil-Moschee, wo angeblich Abraham in einer Grotte das Licht der Welt erblickte. Mit 16 Jahren, so geht die Legende, sollte der Urvater auf dem Scheiterhaufen sterben, weil er König Nimrod von der Existenz nur eines einzigen Gottes überzeugen wollte. Gott aber verwandelte den Scheiterhaufen in einen Teich und die Glutbrocken in Karpfen. So dürfen heute die heiligen Fische, die im Balıklı Göl schwimmen, zwar gefüttert, aber nicht verspeist werden. Ich sitze im Park auf einer Bank und mache Notizen. Ein junger Mann spricht mich in gutem Englisch an. »Hätten Sie ein wenig Zeit für mich?«
»Gern«, sage ich, »solange Sie nicht die Absicht haben, mich in einen Teppichladen zu schleppen.«
Es wird ein Gespräch von mehr als zwei Stunden. Ridvan Derin, Sohn eines Baumwollpflückers, erzählt mir sein Leben. Wie er gegen seinen faulen Onkel rebellierte, der ihn für sich arbeiten lassen wollte. Wie er mit 15 von einem Cousin sein erstes Englischbuch bekam. Wie er sein Englisch dadurch verbesserte, dass er im Park Touristen ansprach. »Dieser Platz hier«, sagt er, »ist meine Universität.«
Welche Kämpfe mögen in Sanlıurfa hinter den Fassaden toben? Ridvan wurde wegen seines Englisch-Eifers von Verwandten gescholten: »Warum sprichst du eine Sprache, die Ungläubige sprechen?«

Kapitel 8

MENZIL

Der verschlossene Scheich

»Sind Sie Pilger?«, fragen die Männer erstaunt, als sie mich und meinen Rucksack sehen. Welchen Grund sollte es sonst geben, mit dem Minibus nach Menzil fahren zu wollen?

»Ich will den Scheich sprechen«, sage ich.

»Weiß er denn, dass Sie kommen?«, fragen die Männer.

»Nein, aber Metin weiß Bescheid«, sage ich. Metin ist so etwas wie der Sekretär des Scheichs. Ich habe den Kontakt schon von Erzurum aus aufgebaut. Dort fragte ich an der Universität nach dem einflussreichsten islamischen Führer in der Türkei. Ich wurde weitergereicht zu einem Geschichtsprofessor in Diyarbakır. Der brachte mich zum Büro einer *vakıf*, einer islamischen Stiftung, die Moscheen, Grundstücke und Wohlfahrtprojekte verwaltet. Dort sagte man mir, es werde alles geregelt, ich bräuchte keinen Termin zu machen. »Gehen Sie nach Menzil«, sagte man mir. »Es gibt keinen besseren Ort.«

Aus der Gruppe von Männern, die mich am Busbahnhof von Kahta umringen, schält sich ein junger Mann, der perfekt Deutsch spricht, und zwar mit österreichischem Akzent. Er heiße Ceyfun, sagt er, und sei Metzgermeister. Er habe 28 Jahre lang in Wiener Neustadt gelebt und vor zwei Monaten beschlossen, in Menzil ein neues Leben zu beginnen.

»Werden Sie mir Ihre Geschichte erzählen?«, frage ich.

»Ja«, sagt er, »wenn der Scheich es erlaubt.«

Das Dorf, in das mich der *dolmuş* bringt, heißt eigentlich Durak, auf Deutsch »Haltestelle«. Laut Gesetz müssen alle Städte und

Dörfer türkische Namen tragen. Hier aber verwendet niemand diese Bezeichnung. Der Scheich hat das Dorf »Menzil« getauft, das ist der arabische Begriff für »Rastplatz«. Ein Akt, dessen Symbolik ich noch nicht ahne, als ich mich in den Minibus mit dem Fahrtziel »Menzil« zwänge.

»Hierher sind schon viele Christen gekommen und als Muslime gegangen«, sagt Ceyfun, der zum Begleitpersonal gehört. »Sie haben den Scheich gesehen, und dann hat sich ihr Leben verändert.«

»Vielleicht geht es mir ja ähnlich«, scherze ich. »Glauben Sie, dass ich zwei oder drei Tage in Menzil bleiben kann?«

»Ja«, sagt er, »wenn der Scheich es erlaubt.«

Der Scheich, dessen Worte in Menzil Gesetz sind, heißt Seyed Abdul Bakir. Er gehört dem Nakşibandi-Orden an, einer Bruderschaft von Mystikern, die im 14. Jahrhundert von Bahauddin-i Nakşiband gegründet wurde. Ihr Ziel ist es, Gott durch Vergeistigung nahezukommen. Der Mensch muss seine Triebe zähmen, weltliche Bestrebungen bändigen, das offene und verborgene Böse bekämpfen, lobenswerte Eigenschaften säen, innere Wahrnehmungsorgane herausbilden. Dafür braucht er einen Meister, der all diese Etappen schon hinter sich hat, und an ihn muss er sein Herz in Liebe binden. Die Herzensbindung, die *rabıta*, erzeugt so nach und nach ein Ebenbild des Meisters – wie bei einer Kopie mit Pauspapier.

In Menzil tragen nicht nur die Frauen, sondern auch die Männer eine Kopfbedeckung. Sie alle sind Schüler des Scheichs, dessen *vakif* hier alles gehört: die Busse, das Land und die Herzen.

Metin, der Sekretär, sitzt in dem kleinen Häuschen an der Busstation. Es ist fünf Uhr nachmittags, als ich eintrete. Er tut so, als sei er nicht richtig informiert – so ganz begeistert scheint er nicht von meinem Besuch.

»Kann ich hier irgendwo übernachten?«, frage ich.

»Ja«, antwortet er zögerlich, »wenn es der Scheich erlaubt.«

Ceyfun macht sich mein Anliegen zu eigen. Er will mich vor dem Abendgebet zu Seyed Abdul Bakır bringen. »Machen Sie keine Fotos im Ort!«, lautet eine der Regeln, die ich beherzigen muss. »Geben Sie dem Scheich nicht die Hand!«, ist eine andere.

Der Herr über Menzil schreitet mit Gefolge zum Abendgebet auf dem Vorplatz der Moschee. »Wir lieben ihn alle«, sagt Ceyfun, als er mich durch die Menge schiebt. Der 28-Jährige drängt sich an den Scheich heran, schlägt demütig die Augen nieder, beginnt seinen Vortrag. Dass ich ein Autor aus Deutschland sei, mit ihm sprechen möchte, über Islam und Moral, die Türkei und Europa ... Ich verneige mich leicht, doch die Augen schlage ich nicht zu Boden. Für zwei oder drei Sekunden treffen sich unsere Blicke. Und ich spüre schon in diesem Moment: Das ist es gewesen.

Man hat mir erzählt, dass muslimische Besucher zu diesem Mann gebracht werden, damit sie vor ihm ihre Sünden bereuen. Wenn sie das tun, so sagte man mir, haben sie fortan seinen Schutz und seinen Segen. Ich aber bin kein Muslim und bin nicht gekommen, um zu bereuen. So trifft mich seine geballte Abneigung. Kein Hauch von Lächeln, keine Geste des Willkommens – er lässt mich an sich abprallen wie einen Stein.

»Der Scheich will nicht mit Ihnen sprechen«, sagt Ceyfun geknickt.

»Hat er einen Grund genannt?«, frage ich.

»Nein«, antwortet er, »das tut er nie. Aber er hat gesagt, sein Nachfolger soll mit Ihnen reden.«

»Er hat schon einen Nachfolger bestimmt?«, frage ich.

»Ja«, sagt Ceyfun. »Nach dem Abendgebet gehen wir zu ihm.«

Der Nachfolger weiß von nichts und ist nicht sehr erbaut. Wir gehen mit ihm in das *dolmuş*-Büro, ein Dutzend Neugieriger schart sich um uns.

»Was soll ich denn sagen?«, sagt der Mann hilflos und unwirsch.

»Ich möchte Ihnen ein paar Fragen stellen«, erwidere ich.

»Stellen Sie Fragen nur zum Islam!«, fordert er.

»Lassen Sie mich bitte selber entscheiden, was ich fragen möchte!«, entgegne ich.

Die Spannung wächst, noch ehe das Interview beginnt.

»Sag lieber nichts«, ruft ein Mann aus der Menge dem Scheich-Nachfolger zu. »Am Ende schreibt er doch nur das Falsche!« Metin, der Sekretär, deutet auf meinen Notizblock. »Warum kritzeln Sie ständig? Was schreiben Sie da auf?« Mein Gesprächspartner hängt sich dankbar an diese Sätze und richtet sich auf: »Wenn Sie mitschreiben, sage ich nichts!«

»Ich bitte Sie«, entgegne ich, »ich kann mir doch nicht alles merken, was Sie sagen. Sie wollen doch, dass ich nichts Falsches schreibe. Genau das möchte ich auch. Also muss ich mir Notizen machen dürfen …«

Ich habe den Satz noch nicht vollendet, da steht er unvermittelt auf und rennt aus dem Büro. Keine Entschuldigung, nicht mal ein Wort. Er hat wohl nur auf einen Anlass gewartet, um zu flüchten. Die Männer wispern und murmeln, deuten auf mich und machen ernste Mienen. »Wie er Sie behandelt hat, ist nicht gerecht«, sagen sie. »Aber was können wir machen?« Ceyfun ist das alles sehr peinlich. »Ich kann nun leider nichts mehr für Sie tun.« Der erste *dolmuş* zurück nach Kahta fahre am nächsten Morgen um halb acht. Den müsse ich wohl oder übel nehmen.

Er will mir wenigstens ein Nachtquartier besorgen. Von einer Tankstelle aus führen Treppen in den Keller eines Hauses. Hier seien, sagt er, Zimmer für Pilger eingerichtet. Ich wasche mich und meine schmutzige Wäsche und hänge sie zum Trocknen über eines der leeren Stockbetten meines Zimmers. Vertilge ein paar Datteln aus meinem Proviant und beschließe, so schnell wie möglich einzuschlafen und diesen Ort abzuhaken.

Es ist kurz vor zehn, da klopft es an meine Tür. Ceyfun kommt noch einmal zum Vorschein. »Der Scheich bietet Ihnen an, in einem richtigen Hotel zu übernachten«, sagt er. »Es liegt auf halber Strecke zwischen hier und Kahta.«

»Danke, nicht nötig«, murmele ich. »Lassen Sie mich ruhig hier schlafen. Morgen früh nehme ich den ersten *dolmuş*.«

Die Tür schließt sich zögernd. Ich grübele darüber nach, was dieses seltsame Angebot denn bedeuten sollte. Da klopft es wieder, und Ceyfun schaut nun richtig gepeinigt drein. »Tut mir leid, aber Sie *müssen* Menzil verlassen. Jetzt, sogleich. Das ist eine Anordnung des Scheichs.«

»Aha«, sage ich, »so ist das also.« Durch meinen Kopf schießen ungeordnete Gedanken. Was hat Seyed Abdul Bakır zu fürchten, dass er gegen alle Regeln türkischer Gastfreundschaft verstößt? Warum kann ich nicht wenigstens die Nacht hier verbringen? Leidet seine Autorität, wenn er mich hier duldet? Wie kann es eigentlich sein, dass ein Scheich darüber bestimmt, ob ich einen Ort betreten darf oder nicht? Soll ich Widerstand leisten und es zum Skandal kommen lassen?

Ich habe ein paar Sekunden, um mich zu entscheiden. Ein Aufstand gegen den Rauswurf lohnt nicht, sage ich mir. Also ziehe ich mich an, packe meine noch vor Nässe tropfende Wäsche ein. Droben warten Ceyfun und zwei Begleiter mit einem Auto. Wir sprechen kein Wort mehr miteinander. Das mit dem Hotel auf halbem Weg war nichts als eine Lüge. Es gibt überhaupt kein Hotel an der Strecke. Sie bringen mich zu einer Tankstelle, noch gut 30 Kilometer von Kahta entfernt. Dort sitzen fünf Männer und spielen Karten. Ceyfun redet kurz mit ihnen, sie nicken und murmeln gleichmütig »okay«.

»Wenn sie fertig sind, nehmen die Sie nach Kahta mit«, sagt Ceyfun und reicht mir die Hand. Dann eilt er zurück ans Steuer.

»Ich hoffe, Sie werden glücklich in Menzil«, rufe ich ihm nach.

Der Motor heult auf, der Wagen braust zurück durch die Nacht.

Atatürk-Damm

Auch hier ist die Mutter aller türkischen Sprüche präsent. Der Satz verfolgt jeden, der durch die Türkei reist. »Ne Mutlu Türküm Diyeme!« Er springt einem von Monumenten ins Auge, er prangt in riesigen Lettern an Berghängen. »Welch ein Glück, Türke zu sein!« Kemal Atatürk sagte und schrieb einst diesen Satz. Er sollte ein geschlagenes Volk wieder aufrichten, es als Nation definieren, ihm den verlorenen Stolz zurückgeben. Heute, 80 Jahre danach, hämmert sich die offizielle Türkei diesen Satz noch immer ins Bewusstsein. Aus der Geschichte gibt es eben kein Entkommen.

Kapitel 9

ATATÜRK-DAMM

Die ewige Kluft

Es kann einem schwindlig werden, wenn man in die Tiefe blickt. 169 Meter unter uns schlängelt sich der Euphrat als stilles, schmales Band aus den Bergen in die Ebene hinaus. »Man sieht nicht zum ersten Mal diesen Strom, ohne den Flügelschlag einiger Jahrtausende Menschheitsgeschichte zu fühlen«, schrieb der deutsche Archäologe Carl Humann im Jahr 1883. Mein Auge wandert über den gewaltigen Atatürk-Damm, der hier von Ingenieuren geschaffen wurde. Acht Röhren mit Durchmessern von 6,60 bis 7,25 Meter kanalisieren die Wasserströme zur Stromerzeugung. Jede Turbine hat eine maximale Stärke von 407 000 PS und kann in jeder Sekunde bis zu 223,5 Kubikmeter Wasser schlucken.

Mir wird auch schwindlig, wenn ich die Zahlen ansehe, die dieses Projekt beschreiben. Trotzdem lasse ich mich in den Strudel der Statistik reißen. Das Einzugsgebiet des Stausees ist 92 338 Quadratkilometer groß, fast so groß wie Bayern und Baden-Württemberg zusammen. Die Staufläche beträgt 817 Quadratkilometer, das Speichervolumen 37 700 000 000 Kubikmeter, die Baumasse des Damms 84 500 000 Kubikmeter. Dies ist der größte Staudamm der Türkei und einer der größten der Welt.

Dabei ist der Atatürk-Damm nur Teil eines noch viel giganischeren Vorhabens. Im Rahmen des Südostanatolienprojekts GAP sollen an Euphrat und Tigris insgesamt 19 Staudämme und 22 Wasserkraftwerke mit einer Gesamtkapazität von 7500 Megawatt entstehen. 17 000 Quadratkilometer Boden, bislang von glühender

Hitze und Erosion ausgezehrt, sollen sich in fruchtbares Land verwandeln. Dies ist das größte Entwicklungsprojekt in der Geschichte des Landes, seine Kosten wurden auf 32 Milliarden Dollar veranschlagt. Es weckt die Hoffnung, die ärmste Region der Türkei aus ihrer Lethargie zu reißen. Es ist der Traum vom Ende der schier ewigen Unterentwicklung. Zum ersten Mal wäre der Südosten nicht das Sorgenkind, sondern der Stolz der Nation.

Eigentlich ist es streng verboten, über die Dammkrone zu spazieren. Der Gouverneur der Provinz Sanlıurfa muss dazu die Genehmigung geben, und die gibt er nur, wenn er dafür grünes Licht aus Ankara erhält. Soldaten bewachen den Schlagbaum, der die Zufahrt abriegelt. Mein Glück aber ist, dass ich in einem offiziellen Auto der türkischen Wasserbehörde sitze. An meiner Seite ist Erkan Alemdaroğlu, der zehn Jahre lang für GAP gearbeitet hat und von 1995 bis 2001 Regionaldirektor war. Sein einstiger Fahrer Ali Acıkoya ist in seinem Element. Er kurbelt das Fenster herunter und erzählt den Wachen, welch wichtige Leute er im Wagen hat. Nach zwei Minuten salutieren sie, stehen stramm, und der Schlagbaum hebt sich für uns. Wenig später gehen, nein, schreiten wir über den Damm.

Alemdaroğlu erinnert sich an die Pionierzeit. Es waren die aufregendsten Jahre seines Lebens. »Es gibt noch heute nicht viele Türken, die freiwillig vom Westen in den Osten gehen«, sagt er. »Damals war es noch viel schlimmer. Wir waren mitten im Krieg gegen die PKK: Da hatten die Leute einfach Angst. Sie kamen nicht mal zu einem Wochenendseminar hierher.« Ihn aber reizte dieser Job, denn hier konnte er ein Stück Geschichte mitschreiben. Als er 1991 zum ersten Mal an diese Baustelle kam, verschlugen ihm die Dimensionen die Sprache. »Die Räder der Baumaschinen«, erinnert er sich, »waren so groß wie Menschen.«

Wir blicken die Staumauer hinunter, an der sich die Wasserbehörde mit den 40 Meter hohen Betonlettern DSI verewigt hat. Wir

Maden: Das Almdorf liegt auf knapp 2000 Meter Höhe am Südrand des Kaukasus. Im Karcal-Gebirge verläuft die Grenze zu Georgien.

Maden: Hatiçe Tanjan, die Frau des Bürgermeisters, in traditioneller Tracht. Europa ist weit entfernt – auch in den Köpfen der Menschen.

Öğündük: Davut Üre neben trocknenden Trauben auf dem Dach seines Elternhauses. Jeden Urlaub reist er aus der Schweiz in seine aramäische Heimat.

Öğündük: Bei der täglichen Andacht in der Dorfkirche singen Kinder alte aramäische Kirchenlieder.

Öğündük: Pfarrer Melke Tok mit einem aramäischen Messbuch. In der Region Turabdin leben nur noch 2000 Christen.

Konya: Das einstige Derwischkloster ist heute ein Museum. Islamische Bruderschaften gewinnen in der Türkei wieder an Einfluss.

Şanlıurfa: Die Fische im Balıklı Göl gelten als heilig. Sie dürfen zwar gefüttert, aber nicht verspeist werden.

Atatürk-Staudamm: 22 Wasserkraftwerke an Euphrat und Tigris sollen dem armen Südosten des Landes Wohlstand bringen.

Uçhisar: Ein Burgfels mit zahlreichen Höhlen überragt das Dorf. Bizarre Tuffsteinformationen prägen die Landschaft Kappadokiens.

Çavuşin: Ahmet Doğan verdient Geld mit der Ayvalı Kilise, einer christlichen Höhlenkirche oberhalb des Rosentals.

Derinkuyu: Seit mehr als 30 Jahren erforscht Metin Gökşen die unterirdische Stadt. Er glaubt, dass sie zur Römerzeit von Christen erbaut wurde.

Göreme: Viele Tuffsteinhöhlen sind bis heute bewohnt. Für Touristen wurden darin sogar Hotels eingerichtet.

Ankara: Atatürk ist allgegenwärtig. Am Nationalfeiertag hängt sein überlebensgroßes Porträt an zahlreichen öffentlichen Gebäuden.

Kritik am GAP-Projekt: Ex-Direktor Erkan Alemdaroğlu

blicken über den türkisblauen See, dessen Oberfläche vom Wind gekräuselt wird.

»Der Preis für dieses Projekt war hoch«, sage ich. »Hier sind antike Stätten in den Fluten versunken.«

»In der Türkei ist alles Geschichte, alles archäologischer Grund«, entgegnet er. »Wir tun ja, was wir können, um dieses Erbe zu retten. Aber alles zu schützen ist schlicht unmöglich. Das würde fünf- oder zehnmal mehr Geld kosten.«

Wir gehen zum Kraftwerk hinunter, streifen durch die Leitwarte mit ihren brennenden und blinkenden Kontrollleuchten, steigen die Treppen bis zum Grund dieses riesigen Bunkers hinab, sehen Warnschilder für die Beschäftigten und hören das Dröhnen der Turbinen. An einer Wand steht der Spruch: »Es gibt keine Grenze für Wissenschaft und Technik.« Wir diskutieren darüber, wie richtig oder wie falsch das wohl ist.

Alemdaroğlu hat erlebt, an welche Grenzen so ein Mammutprojekt stößt. Die 32 Milliarden Dollar, die einmal veranschlagt waren, reichen ganz offensichtlich nicht aus; inzwischen ist von 37,5 Milliarden die Rede. Erst 15 Milliarden sind ausgegeben, 22,5 Milliarden stehen noch aus. Die jährlichen Summen, die aus der Regierungskasse fließen, sind jedoch von 1,5 Milliarden in den Anfangsjahren auf nur noch 500 Millionen Dollar gesunken. »Als ich zu GAP kam, hätte ich darauf gewettet, dass wir 2010 fertig sind«, sagt er. »Aber wenn es in diesem Tempo weitergeht, brauchen wir noch 45 Jahre!«

Es hat aber auch einen Wandel im Denken gegeben, und der macht Alemdaroğlu am meisten zu schaffen. GAP ist heute vor allem ein Stromlieferant für die boomende Industrie, das bringt schnelles und gutes Geld. Von den riesigen Flächen, die bewässert werden sollten, sind 87 Prozent aber noch immer trocken. Wie soll das Heer der Armen und Ungebildeten, der Land- und Arbeitslosen auf diese Weise verschwinden?

Es ist wahr, die Städte Sanlıurfa und Gaziantep haben von GAP profitiert; das Pro-Kopf-Einkommen ist dort deutlich gestiegen. Es ist wahr, auf den bewässerten 13 Prozent machen etliche Bauern mit Baumwollfeldern ein gutes Geschäft. Aber ist dies der Ruck, der durch ganz Südostanatolien gehen sollte? Alemdaroğlu schüttelt den Kopf und sagt: »Wir können hier viele Dämme bauen. Aber wenn wir keine Landreform bekommen, dann werden wieder nur diejenigen profitieren, die große Ländereien haben. Die Lücke zwischen Arm und Reich sollte hier eigentlich geschlossen werden. Stattdessen wird sie immer größer.«

Als er Regionaldirektor war, wurden ein paar Modelle entwickelt: Informationszentren für Frauen und Existenzgründer und Bauern, die wegen GAP umgesiedelt werden mussten. Kurse für Bewässerungstechnik, für Schaf- und Geflügelhaltung, für Imkerei und Treibhausbau, für Gesundheits-, Bildungs- und Pilgertourismus.

Dies alles, sagt Alemdaroğlu, wolle die Regierung jetzt in die Hände von Entwicklungsagenturen legen.

»Diese Agenturen interessieren sich aber nicht für den sozialen Aspekt«, sagt Alemdaroğlu. »Sie sind nur für die industrielle Entwicklung da – und dazu, Fördergelder zu transferieren.«

Er fordert, die Landwirtschaft gezielt zu subventionieren. Es ist das exakte Gegenteil von dem, was die Europäische Union von ihrem Beitrittskandidaten verlangt. Aber der einstige GAP-Regionaldirektor bleibt unbeirrt. Die Leute hier müssten lernen, Saatgut selber zu produzieren, Insekten- und Unkrautvernichtungsmittel richtig einzusetzen, Treibhäuser zu bauen und Düngemittel zu produzieren.

»Für diese Dinge«, sagt er, »ist einfach nicht genug Geld da.«

Wir steigen wieder ins Auto, der Fahrer öffnet und schließt für uns die Türen. Die Soldaten salutieren und stehen wieder stramm. Wir werfen einen letzten Blick auf das Megabauwerk, das den Namen des größten aller türkischen Reformer trägt.

»Wir dürfen die Menschen nicht vergessen«, sagt Alemdaroğlu. »Gebt ihnen ein Bewusstsein! Lasst sie teilhaben an der Entwicklung! Wenn wir die Frauen ohne Bildung und die jungen Leute ohne Job nicht erreichen, nützen alle Dämme nichts. Wenn wir die Menschen vergessen, werden wir scheitern.«

Nemrut Dağı

Der beste Freund des Wanderers ist in der Türkei der Autofahrer. Ich komme zu diesem Schluss, als ich meinen Aufstieg zum Götterberg beginne. Oberhalb des Dorfes windet sich eine bucklige Erdstraße in die Höhe; Arbeiter sind gerade dabei, ihr eine feste Decke zu geben. Türken am Steuer sind meist Rennfahrer, messen sich gern mit ihresgleichen. Sehen sie aber einen Menschen, der am Straßenrand tippelt, packt sie unwillkürlich das Mitleid. Sie drosseln das Tempo. Hupen so freundlich, wie sonst Hupen nie klingt. Bleiben oft sogar stehen, kurbeln das Seitenfenster herunter und bieten Mitnahme an. Ich lächle, lege die Hand aufs Herz und sage dankend Nein. Sie können meine Entscheidung sicher nur schwer begreifen. Aber sie lachen und winken und machen mir Mut für die noch steileren Stücke.

Kapitel 10

NEMRUT DAĞI

Der göttliche König

Im Theater öffnet sich der Vorhang binnen weniger Sekunden. Hier auf dieser monumentalen Freilichtbühne dauert es erregend lang, bis der Blick freigegeben wird – zwei, drei, fünf, acht Minuten. Die Augen der Menschen, die hier oben stehen, bohren sich in das letzte Dunkel der Nacht. Ein roter Streifen beginnt am Horizont zu erglühen, darüber erscheint die erste Schicht blauen Himmels. Majestätisch langsam steigt ein feuriger Ball in die Höhe. »Allah!«, rufen die Betrachter türkischer Zunge, dazwischen mischen sich Bewunderungsschreie auf Deutsch, Dänisch, Französisch, Hebräisch. Dann herrscht andächtige Stille. Jeden Morgen um halb sechs ist es die gleiche Vorstellung, die auf der Ostterrasse des Nemrut Dağı geboten wird. Jeden Morgen hat sie ein internationales Publikum.

Fast alle sind sie schon um drei Uhr aufgestanden. In den Jeeps ihrer Reiseveranstalter sind sie durch die Finsternis gekrochen, vom 70 Kilometer entfernten Kahta bis hier hoch zum Gipfel. Sie haben sich in dicke Decken gehüllt, um die Kälte fernzuhalten. Der Wind hier oben, auf 2150 Meter Höhe, zerrt an unseren Kleidern. Aber der Lohn ist ein Schauspiel, das die Sinne berauscht.

Die Gesichter wenden sich den steinernen Köpfen zu, die nun von den ersten Strahlen der Sonne beleuchtet werden. Es ist, als seien sie alle in Gold getaucht. Still und stumm verharren die Menschen vor diesen Figuren. Ich halte eine Art innere Zwiesprache mit einem König, der vor mehr als 2000 Jahren lebte und diesen Berg zu etwas machte, was ihn über alle anderen Berge der Türkei erhob.

Was hast du gefühlt, Antiochos, als du zum ersten Mal hier oben standst? Was muss da in dir vorgegangen sein?

Die Wolken über uns sind wie Wattebäusche, die ständig ihre Formen verändern. Die Fantasie, die auf Hochtouren läuft, sieht Adler und Löwen, die sich zu Monstern zusammenballen und Sekunden später wieder auflösen. Die huschenden Figuren werfen Schatten, die Leben in die leere Landschaft bringen. Irgendwo schreit ein einsamer Esel. Ich blicke hinüber nach Norden zu einer lang gezogenen Bergkette. Ihre Kämme gleichen bizarren Skulpturen. Ich glaube einen Zug von Kriegern zu erkennen. Oder sind es Elendsgestalten? Ich sehe einen Rauschebart, eine Wildkatze, dann wieder wirken die Bergspitzen so, als seien sie Götterthrone.

Der deutsche Archäologe Carl Humann, der 1883 diesen Gipfel erstieg, schrieb hingerissen, was er bei diesem Anblick empfand. »Wenn das Meer im wütendsten Orkan, während eine quer kommende Dünung die grausigen Wellenberge zu schwindelnder Höhe auftürmt und wieder wild durcheinander würfelt, plötzlich erstarrte, so würde es im Kleinen ein Bild dessen geben, was sich uns im Osten, Norden und Westen, so weit der Blick reichte, und im Süden auf einige Meilen Entfernung darbot ... Wir wussten kaum, was wir zuerst anschauen sollten, die Nähe oder die Ferne.«

Wie viele Kulturen haben dieses Kleinasien in Jahrtausenden geprägt? Die Händler von Assur am Tigris, die die Schrift nach Anatolien brachten. Die Hethiter, die Felsreliefs sowie Schrifttafeln aus Ton, Stein und Bronze hinterließen. Die Churriter, die Beziehungen zu den ägyptischen Pharaonen unterhielten. Die Urartäer, die Paläste aus Lehmziegeln erbauten und deren Wände bemalten. Die Trojaner, die an den Dardanellen ihre sagenhafte Stadt errichteten. Die Äolier, Ionier und Dorer, griechische Kolonisten, die prächtige Hafenstädte am Mittel- und Schwarzmeer gründeten. Die Lyder, die Gold aus dem Fluss Paktalos gewannen und die ersten Münzen des abendländischen Kulturkreises prägten. Die Perser, die für die Verwaltung ihres Reiches Satrapen einsetzten. Alexander der Große, mit dem die Glanzzeit des Hellenismus begann. Die Attaliden, unter denen in Pergamon das Asklepieion entstand, eine der berühmtesten Heilstätten der Antike. Die Römer, die Tempel und Theater, Aquädukte und Prachtbauten errichteten. Die Byzantiner, die Festungen mit Steinen aus der Antike erstehen ließen und Konstantinopel zur Weltstadt machten. Die Seldschuken, die die gotische Baukunst beeinflussten. Die Osmanen, die 600 Jahre lang einen riesigen Vielvölkerstaat regierten.

Das Königreich Kommagene war nur ein Wimpernschlag der Geschichte. Seine Hauptstadt Samsun liegt heute auf dem Grund des Atatürk-Stausees. Aber es bildete einst einen Puffer zwischen den verfeindeten Römern und Parthern und wurde so zu einer Nahtstelle von westlicher und östlicher Kultur – eine Art antiker Vorläufer der modernen Türkei. König Antiochos I., der von 69 bis 34 v. Chr. regierte, wählte den Nemrut Dağı, um sich dort in eine Reihe mit den Göttern zu stellen. In den fünf gewaltigen Statuen aus Kalkstein, die auf der Ostterrasse aufgestellt wurden, mischen sich griechische und persische Elemente. Sie waren acht bis zehn Meter hoch, saßen steif auf ihren Thronen, die Arme auf den Oberschenkeln ruhend, die ernsten Augen tief in ihren Höhlen liegend, die Münder leicht geöffnet, so als wollten sie gerade zu sprechen beginnen. Die Köpfe sind im Lauf der Zeit heruntergefallen und stehen nun eigens aufgereiht. In ihnen spiegelt sich die Verschmelzung von Kulturen.

Zeus war der Göttervater der Griechen, Oromasdes der Schöpfungsgott des zoroastrisch-persischen Pantheons. Beide sind in einer 105-Tonnen-Figur, zusammengesetzt aus 31 verschieden großen Steinblöcken, vereint. Das Gesicht ist gerahmt von einem griechischen Bart und das Haupt bedeckt von einer persischen Tiara, die mit Sternen geschmückt ist.

Ares war der Kriegsgott der Griechen, Artagnes sein persisches Gegenstück, Herakles der siegreiche, unsterbliche Kämpfer in der griechischen Mythologie. Die Skulptur, die alle drei in einem darstellt, trägt ebenfalls Bart und Tiara und in der linken Hand die Keule, mit der Herakles seine Gegner erschlug.

Apollon war der griechische, Mithras der persische Gott des Lichts. Als Sonnengott verehrten die Griechen den Helios, als Götterboten den Hermes. Die 60-Tonnen-Statue, gebaut aus 27 Steinblöcken, trägt Wesenszüge aller vier Figuren.

Neben diesen drei Mächtigen thront Kommagene, die göttliche Personifikation des Königreichs; sie trägt in ihrer Rechten ein Kornbündel, Trauben und Granatäpfel. Neben ihr sitzt der Herrscher von Kommagene, das Zepter in der Hand und die Tiara auf dem Kopf – er ist erhoben auf das Niveau der Götter, geheiligt für alle künftigen Generationen.

Der Nemrut Dağı ist die letzte Ruhestätte dieses Herrschers. Die Bergspitze, die die Ostterrasse um 40 Meter überragt, wurde von seinen Untertanen aus Schotter geformt. Das Gewicht der Steine beträgt vermutlich mehr als 600 000 Tonnen. »Die äußere Hülle seines bis ins hohe Greisenalter wohlerhabenen Leibes«, so lautet die Inschrift, solle »bis in alle Ewigkeiten« ruhen, »nachdem sie die gottgeliebte Seele zu den himmlischen Thronen des Zeus-Oromasdes emporgesandt hat.« Scharen von Archäologen haben den Tumulus seit seiner Entdeckung 1882 durchwühlt, die Amerikanerin Theresa Goell nahm sogar Sprengungen vor – aber bis heute hat niemand das Grab gefunden.

»Mein ganzes Leben hindurch stand ich vor den Bürgern meines Reiches da als einer, der die Frömmigkeit für seine treueste Schutzwehr und seine unnachahmliche Wonne hält.« So ließ es Antiochos in Stein meißeln. »Daher entkam ich auch wider Erwarten großen Gefahren, wurde ich glücklich hoffnungsloser Lagen Herr und verbrachte ich glücklich mein Leben reich an Jahren.« Perser und Hellenen seien »die glückhafte Wurzel meines Geschlechts« gewesen. Sein Vater stammte aus der Familie des persischen Königs Darius I., seine Mutter aus einer Familie, die mit den Herrschern Mazedoniens verbunden war. Antiochos sah sich und sein Reich als Brücke der Kulturen. Dieser Berg war seine Botschaft für die Welt.

Der Wind zerrt mich weg von den Steinfiguren und dem Opferplatz zu ihren Füßen.

Die Terrasse im Osten hat ihr Gegenstück in einer Terrasse im Westen. Hier sind die Statuen schon stärker zerfallen, die Köpfe stehen inmitten der Trümmer. Drei Reihen von Reliefs flankieren den Hof. Sie sind aus Sandstein, der noch weicher ist als der für die Statuen verwendete Kalkstein des Berges. Das Material wurde aus Steinbrüchen herbeigeschafft, die mehrere Kilometer entfernt liegen. Die Darstellungen zeigen wieder Antiochos mit den Göttern. Auf einem Relief reicht er Zeus-Oromasdes die Hand. Der Mischgott sitzt auf einem Thron, dessen Füße die Gestalt eines Greifenpaares mit gehörnten Löwenköpfen und Adlerklauen haben. Statuen von Löwen und Adlern halten Wache.

Als der Sonnenuntergang naht, füllt sich auch diese Terrasse mit Menschen. Die Sonne schiebt sich langsam durch ein letztes Wolkenband und sinkt dann allmählich in eine Scharte zwischen zwei Bergspitzen. Ein paar Touristen arbeiten fieberhaft mit Kameras und Stativen. Die meisten aber geben sich schweigend dem Panorama hin.

Der Tag geht zur Neige. Es gibt nichts mehr zu sehen und nichts mehr zu sagen. Ich steige ab zu dem kleinen Parkplatz an der Gipfelstation, wo die Jeeps auf ihre Passagiere warten. Aus voll aufgedrehten Autoradios dröhnt Disco-Sound. Ach, Antiochos! Du hast nicht nur Ost und West verbunden. Du wusstest auch noch, dass Stille, nicht Lärm, die Sinne betört.

Çavuşin

Die Natur hat die Landschaft Kappadokiens auserwählt, um ihre Kräfte auf spektakuläre Weise zu erproben. Sie hat über Millionen von Jahren Brüche und Falten, Kegel und Spalten erzeugt. Irgendwann aber reißt sie ihr eigenes Werk wieder ein. Das Wasser, das in Felsritzen dringt, gefriert in den kalten Monaten des Winters. Und das Eis sprengt das rissig gewordene Gestein. In Çavuşin stürzte 1963 eine Felswand wegen starker Aushöhlung zusammen, begrub Häuser und Menschen unter sich. Ich stehe vor diesem weithin sichtbaren Monument einer Katastrophe. Es ist heute ebenfalls eine Attraktion.

Kapitel 11

ÇAVUŞIN
Das kleine Glück

So schön kann Erosion sein. Der schmale Pfad, der mich durch das Paşabağı-Tal führt, ist wie eine Achterbahn. Ein ständiges Auf und Ab mit überraschenden Kehren. Nie weiß man, was hinter dem nächsten Buckel kommt. Und immer wieder lande ich in einer Sackgasse. Dann türmt sich vor mir eine Barriere aus Steingestalten auf, die anmuten wie Figuren aus einem geologischen Karneval. Der »Rumpf« besteht aus weichem Tuffstein, darauf sitzen dunkle »Kappen« aus hartem Basalt. In diesen komischen konischen Schornsteingebilden haben, so erzählen alte Legenden, einst Zauberfeen gewohnt. Und daher haben sie die Bezeichnung »Feenkamine« erhalten.

Kein Landschaftsgestalter könnte vollbringen, was die Natur in Kappadokien erschaffen hat. Vor 60 Millionen Jahren, als sich die Erdkruste hier zur Gebirgskette des Taurus auffaltete, erschütterten heftige Eruptionen das Gebiet. Vulkane wie der 3917 Meter hohe Erciyes Dağı sind heute die stummen Zeugen davon. Aschenmassen und erbsen- bis nussgroße Steinchen, Lapilli genannt, wurden durch die Luft geschleudert, Lava ergoss sich in die Landschaft. Die Sedimente, die sich dadurch bildeten, festigten sich und bildeten ein Felsplateau mit unterschiedlichen Härtegraden. Weicher, heller Tuff wurde schneller abgetragen als harter, dunkler Basalt. Wind und Wasser schufen Spitzen und Senken, gekrümmte Rücken und scharfe Kanten. Sie schnitten und schnitzten dieses Stück Welt mit der Macht der Erosion: Kegel, Schluchten, Felsplateaus. Die phallischen Formationen, die mich begleiten, sind nur die sonderbarsten

Resultate der Erdgeschichte, die hier abläuft. Neue »Feenkamine« schälen sich noch immer aus dem Gestein. Und dann bricht irgendwo wieder etwas ein.

Bizarre Landschaften ziehen bizarre Menschen an. Der heilige Simeon, 390 im antiken Antiochia geboren, tobte hier seinen Hang zur extremen Askese aus. In der Stadt hatte er in einer Gefängniszelle und in einer leeren Zisterne gewohnt. Dann suchte er sich in diesem Tal einer Felshöhle, in der er sich anketten konnte. Als ein Pilgeransturm zu seiner Eremitage einsetzte, zog er sich auf die Spitze einer Säule zurück, die nur einem einzigen Menschen Platz bot. Viele christliche Mönche folgten seinem Beispiel und richteten sich ihre Zellen auf den »Feenkaminen« ein.

Ich streife durch den Ort Çavuşin und biege danach in das *Güllü Dere*, das Rosental, ein. Felder, Wein- und Obstgärten säumen den Pfad, der immer enger und steiler wird. Höhlenkirchen aus den Zeiten des Urchristentums, von denen es in Kappadokien mehr als tausend gibt, liegen in Felswinkeln versteckt. Ein Stück weiter oben sehe ich die *Ayvalı Kilise*, die Quittenkirche. Vor ihrem Eingang sitzt ein fröhlicher Türke, der Souvenirs, Postkarten und Getränke verkauft. »Guten Tag, ich heiße Ahmet«, begrüßt er mich auf Deutsch und genießt meine Überraschung ob seines sicheren Gespürs. »Schauen Sie sich erst mal in Ruhe um. Dann können wir ja miteinander reden.« Ich turne noch ein wenig über die Felsen an der Kirche, er stellt schon mal zwei Stühle und zwei Gläser Tee bereit. Was ist das nun wieder für eine Geschichte?

Ahmet Doğan kommt aus Witten im Ruhrgebiet, hat dort die ersten 21 Jahre seines Lebens verbracht. Er ist der Sohn eines türkischen Bergmanns, der 1965 als Gastarbeiter nach Deutschland gekommen war, und hat Elektriker gelernt. »Aber eigentlich war ich schon immer ein Landmensch«, sagt er. »In Witten hatten wir einen großen Garten mit Kirsch-, Birnen- und Nussbäumen, da habe ich häufig Zwiebeln gepflanzt. Die Nachbarn hatten schöne Erdbeeren im Garten, da habe ich öfter mal welche geklaut. Und jetzt, was passiert jetzt?« Er lacht. »Jetzt klauen die Touristen meine Trauben drunten im Tal!«

»Wie kommt einer aus Witten zu Trauben im Rosental und einer Höhlenkirche?«, frage ich. Und bekomme eine sehr türkische Geschichte zu hören.

Der Großvater hatte insgesamt 21 Hektar Land. Zwei Hektar gehörten zur Gemeinde Avanos, fünf Hektar zu Göreme, 14 Hektar zu Çavuşin. Auf ihnen wuchsen ein paar Obstsorten, vor allem aber Trauben. Als der alte Mann spürte, dass die Arbeit allmählich zu schwer für ihn wurde, rief er nach dem Enkel, der in Witten lebte. Der damals 21-jährige Ahmet war alles andere als erbaut, dass er nun nach Kappadokien gehen sollte. Was sollte er da hinten in der Türkei, wo er keine Freunde hatte? Er war im Ruhrgebiet geboren, seine Heimat hieß Deutschland, er sprach noch nicht mal richtig Türkisch. Doch was sollte er machen? Dem Wort des Großvaters folgte das Wort des Vaters. Er musste sich beugen, ob er wollte oder nicht.

Das war 1991, und Ahmet erinnert sich noch gut daran, wie er einsam unten in Çavuşin seinen Kaffee trank und wie die Leute ihn wegen seines schlechten Türkisch hänselten. »Das erste Jahr war das schwerste«, sagt er. »Ich fühlte mich wirklich mutterseelenallein.« Aber dann fand er Aişe, seine heutige Frau, 1992 wurde Hochzeit gefeiert, ein Jahr später sein Sohn Hüseyin geboren. Die Mutter sprach mit ihm Türkisch, der Vater Deutsch, das er nach wie vor besser beherrschte. So wuchs in Çavuşin eine türkische Kleinfamilie mit deutschem Einschlag heran. Und je länger Ahmet im Reich der Tuffsteinhöhlen lebte, desto mehr wurde ihm klar, was der Großvater ihm da eigentlich vermacht hatte.

Er lernte, mit den Trauben zu experimentieren, um die Qualität seines Rot- und Weißweins zu verbessern. Er fand heraus, dass die namenlose Grotte da oben, die der Großvater als Taubenschlag nutzte, eine alte christliche Höhlenkirche war. Flugs gab er ihr einen Namen, und weil es drunten viele Bäume mit saftigen Quitten gab, nannte er sie eben Quittenkirche. »Ich habe von Opa nicht nur diese Kirche, sondern auch das ganze Rosental geerbt«, sagt Ahmet und strahlt übers ganze Gesicht.

Ahmet sah, dass der Großvater in Çavuşin bis ins hohe Alter rüstig blieb und erst mit 95 starb. Der Vater in Witten hingegen hatte eine Staublunge und wurde nur 65. Das waren 30 Jahre Unterschied, und diese Differenz gab Ahmet zu denken. »Was nützt dir all das Geld?«, fragte er sich, »wenn du deine Gesundheit geopfert hast?« So beschloss er, Frau und Kind nach Witten zu schicken, denn die Schulen schienen ihm in Deutschland besser zu sein. Er hat nun nicht nur zwei Staatsangehörigkeiten, sondern auch zwei Wohnsitze. Im Winter, wenn es in Kappadokien frostig und still ist, fliegt er zur Familie ins Ruhrgebiet. Im Sommer aber, wenn die Touristen einfallen, macht er mit seinem Erbe ein gutes Geschäft. Morgens arbeitet er von sechs bis zehn auf seinen Feldern. Danach steigt er hoch zu seiner Kirche, der er einen kleinen Laden angegliedert hat. So etwa ab elf kommen die ersten Gruppen, deren Busse unten warten. Ahmet begrüßt sie mit seiner guten Laune, kassiert zwei Lira Eintrittsgebühr, verkauft ihnen Tee, Coca-Cola und Postkarten – und als besondere Spezialität seinen eigenen Wein.

Im Eingangsraum zur Quittenkirche, in der noch Reste von alten Fresken sichtbar sind, hat er ein rotes Sofa an die Wand gestellt und ein kleines Separee zum Plaudern eingerichtet. Er hat die türkische und die deutsche Fahne bei sich hängen und an einen Spiegel ein Stück Papier mit dem Wappen von Nordrhein-Westfalen geklebt. »In der Türkei hast du viel mehr Freiheit«, sagt er und lacht. »Hier kannst du wirklich machen, was du willst. Das Leben ist einfach und billig, und du hast keinen Stress.«

Ende Oktober, wenn sich die letzten Touristen verzogen haben, zieht Ahmet mit Rucksack und Fernglas los. »Es gibt noch so viele Taubenschläge«, sagt er augenzwinkernd, »wer weiß, was sich dahinter versteckt?« Er kennt hier inzwischen jeden Berg und jedes Tal, elf neue Höhlenkirchen hat er auf seinen Erkundungstouren schon entdeckt. »Ich wusste ja immer schon, dass ich ein Landmensch bin«, sagt er, gießt sich Tee nach und hat in mir schon wieder einen Käufer für seinen Wein gefunden.

Nun ist er wohl doch mehr Türke als Deutscher. Aber so genau ist das gar nicht mehr auseinanderzuhalten, und manchmal kann es echt schwierig werden. Vor ein paar Jahren, sagt er, spielte sein Lieblingsverein Borussia Dortmund in der Championsliga gegen Galatasaray Istanbul. Ahmet hatte eine Karte für das Westfalenstadion, landete aber dummerweise mitten in einem Block von Istanbuler Fans. Als die Dortmunder das 1:0 schossen, riss er die Arme hoch und jubelte – »die Türken um mich herum schauten völlig verdutzt, dann steckte ich ganz schön viel Prügel ein. Zum Glück hat mich die Polizei herausgeholt.«

Vor seiner Quittenkirche mit dem herrlichen Panorama jedoch hat Ahmet nur Momente, die ihm Freude bereiten. Sein schönstes Erlebnis, sagt er, sei gewesen, als Herr Gärtner aus dem Rosental zu ihm hochkam. Herr Gärtner war sein einstiger Schullehrer in Witten; er hatte eine Woche Kappadokien gebucht, und nun stand er mit seiner Gruppe vor der Kirche und erkannte in ihm natürlich nicht mehr den kleinen Ahmet von damals. Ahmet aber wusste sofort, das war der Herr Gärtner, rannte nach Hause und holte alte Fotos von der Schule. Als Herr Gärtner sich und Ahmet auf den Bildern sah, weinte er vor Glück. Ahmet lud ihn spontan ein, die noch verbleibenden fünf Kappadokien-Tage sich von ihm privat führen zu lassen. Seit diesem Tag fragt Ahmet bei jeder Gruppe von Deutschen, die zu seiner Kirche kommt: »Ist vielleicht jemand aus Witten dabei?«

Uçhisar

In Kappadokien bleiben Menschen hängen, die wechselvolle Lebensläufe haben. Eine von ihnen ist Almut Wegener, eine Malerin aus Deutschland. Sie kam vor 15 Jahren auf die Idee, allein mit sechs Kindern nach Uçhisar, vier Kilometer östlich der Stadt Nevşehir, zu ziehen. Nachbarn, Freunde und Verwandte schlugen damals die Hände über dem Kopf zusammen. Die kunstsinnige und zugleich resolute Frau, Jahrgang 1958, lebt heute in einem traditionellen türkischen Haus, das sie mit Stil und Geschmack hergerichtet hat. Die älteste ihrer Töchter, die hier die Dorfschule besuchte, schreibt in Chicago ihre Doktorarbeit in Chemie. Der jüngste ihrer Söhne klopft morgens ein halbes Dutzend Mal an die Tür meines Gästezimmers und kriegt jedes Mal eine Handvoll Gummibärchen. Die Mutter verdient ein bisschen Geld mit ein paar Fremdenzimmern. In diesen Tagen hat sie eine Gruppe Georgier zu Gast. Der Höhepunkt eines jeden Tages ist das Frühstück. Wir sitzen auf der Terrasse und starren wie trunken auf die Felsenhöhlen über dem Dorf und das Meer von Tuffsteinspitzen, das sich unter uns im Taubental ausbreitet. Das Frühstück, das wir auf den Tisch kriegen, ist eine nicht geringere Augenweide. Die Frau reicht das Tablett mit den verführerischen Schüsselchen nach einem Weg von der Küche bis zum Dach über eine Hühnerleiter zu uns herab. Einer der Georgier murmelt auf Englisch zu mir herüber: »Schöner kann die Welt nicht sein.«

Kapitel 12

DERINKUYU

Der einsame Forscher

Dies wird ein Ausflug in die kühle Finsternis. Ich stecke eine Taschenlampe ein, ziehe den Anorak über. Metin Gökşen, mein Führer, beginnt schon sehr bald den Kopf einzuziehen. Ohne den Rücken zu krümmen, kommt man hier nicht durch die Gänge. Das Auge tastet nach Fixpunkten im dünnen Lampenstrahl. Pfeile am Fels weisen ab und zu immerhin die Richtung: Blau bedeutet die Abwärts-, Rot die Aufwärtsroute. Aber wo genau ist die Decke, wo der Boden? Vorsicht, hier ist eine Stufe, dann kommt ein Loch, dann eine Mulde. Von links ragt mir plötzlich ein Felsvorsprung drohend ins Gesicht. Einmal zu weit aufgerichtet, und schon knallt der Schädel gegen Stein. So tappe ich mit einer wachsenden Zahl von Beulen durch die ewige Nacht unter der Erde.

Derinkuyu bedeutet »tiefer Brunnen«. Die Stadt liegt 30 Kilometer südlich von Nevşehir. Die eintönige Landschaft lässt nicht ahnen, was sie im Boden birgt. Hier sind es nicht die bizarren Spitzen der Tuffsteinhöhlen, die die Sinne verwirren. Hier sind es Gänge, Schächte und Nischen. Wir dringen in Katakomben ein. Dieser Teil Kappadokiens ist nicht in die Höhe sondern in die Tiefe gewachsen. 36 solcher Städte unter Tage wurden bisher identifiziert, nur vier davon sind der Öffentlichkeit zugänglich.

Das unterirdische Derinkuyu wurde 1963 entdeckt. Jahrhunderte, Jahrtausende hat es bei einer konstanten Temperatur von 12 bis 14 Grad überlebt. Wer hat dieses Labyrinth gebaut? Was hatte es für eine Funktion? Wie war der Alltag der Menschen, die hier lebten? Es gibt wenig, was man darüber weiß, und dementsprechend wild sind die Spekulationen. Es ist alles noch nicht ausreichend erforscht. Das ist der Grund, weshalb es Gökşen immer wieder hierher zieht. Seit nun schon mehr als 30 Jahren.

Gökşen ist ein Sohn dieser Landschaft. Er wurde 1954 in dem Dorf Şahinler geboren. Als Kind lebte er in einer Tuffsteinhöhle, ohne Strom, ohne Leitungswasser, direkt neben dem Stall, in dem ein Esel und mehrere Schafe standen. Er studierte Mühlenbautechnik an der Fachhochschule Braunschweig, sattelte danach auf Tourismus um und arbeitete für das Ministerium in Ankara und für das Fremdenverkehrsamt in Nevşehir. Seit acht Jahren hat er seine eigene Reiseagentur. Aber wann immer es die Zeit erlaubt, gräbt er sich in die Geschichte seiner Heimat – gedanklich und manchmal auch im wahrsten Sinn des Wortes. »Du kannst hier graben und graben«, sagt er, »du findest immer wieder neue Höhlen. Wir müssen sie erforschen, so wie wir die alten Schriften entschlüsselt haben.«

Wir sind im ersten Stockwerk unter der Erde. Vermutlich haben sich schon die Hethiter in das Tuffgestein gebuddelt. Primitive Werkzeuge, etwa eine Stange mit einem scharfkantigen Metall an der Spitze, reichen aus, um pro Tag einen Quadratmeter Fläche aus dem Gestein zu höhlen. So bauten sich die Menschen jener Zeit hervorragende Lagerräume – sie schützten im Sommer vor der Hitze und im Winter vor der Kälte. Noch bis 1965, als die Stollen zur Besichtigung freigegeben wurden, nutzten Einwohner von Derinkuyu diese Räume als Keller.

Gökşen gleitet mit seiner Hand über Fugen, die sich durch Felsflächen ziehen. »Hier wurden irgendwann Wände eingezogen«, sagt er. »Nach der Entdeckung hat man die Ritzen mit Zement gefüllt, um den Strukturen mehr Stabilität zu geben. Ich glaube, das wäre gar nicht nötig gewesen. Dies hier hat 2000 Jahre gehalten und wird wohl auch noch länger halten.«

Wir stehen in einer Art Gemeinschaftsküche. Eine langgezogene, in Stein gefasste Rinne taucht aus dem Dunkel auf. »Dies war ein großes Spülbecken«, sagt Gökşen. »Das Geschirr wurde mit Asche, Erde und Sand gewaschen. Nach ungefähr zehn Minuten setzte sich das zusammen mit einem Großteil des Schmutzes am Grund ab. So konnten die Leute das Oberflächenwasser abschöpfen und wieder verwenden, zum Beispiel als Trinkwasser für das Vieh.« Ebenso habe man die Sedimente nach einiger Zeit herauskratzen und für andere Zwecke verwenden können.

Ein Raum nach dem anderen öffnet sich unseren Blicken. Dies könnte ein Esszimmer gewesen sein. Dies ein Schlafzimmer. Dies vielleicht ein Speicher. Und dies hier waren wohl Ställe. »Auf Kommando geht kein Tier in eine Höhlenbehausung, das weiß ich aus eigener Erfahrung«, sagt Gökşen. »Man muss sie allmählich daran gewöhnen. Vermutlich haben die Leute das abends und im Winter gemacht. Mit der Zeit wurden die Tiere dann vertraut mit den unterirdischen Ställen. So ging es dann doch schnell, wenn eine Notsituation es gebot.«

Waren demnach die Lager zugleich Zufluchtsräume? Wer musste sich hier vor wem verstecken? Ich folge Gökşen Taschenlampe und zugleich seinen Gedanken. Mit jedem Meter, den ich mich durch die Stollen taste, und mit jedem Satz, den er dazu spricht, dringe ich ein Stück mehr ein in die Welt, wie sie damals gewesen könnte. Vor 1500, 1800, 2000 Jahren.

Gökşen bleibt stehen und stampft mit dem rechten Fuß auf. »Hören Sie?«, sagt er. »Das klingt nicht nach festem Boden, sondern hohl. Ich habe lange gebraucht, bis ich das verstanden habe. Aber dann ist mir die Idee gekommen. Und jetzt bin ich fest davon überzeugt, dass es so war.« Er erinnerte sich an seine Jugendjahre in der Höhlenwohnung. Großmutter füllte den Abfall stets in eine Grube, die in einem Teil der Höhle ausgehoben worden war. »Genauso war es hier«, sagt er. »Hier war eine zwei Meter tiefe Grube.« Der Kompost – so seine These – wurde in bestimmten Abständen nach draußen geschafft. »Sehen Sie die verzweigten Schächte?«, sagt Gökşen. »Der Gestank konnte sich auf diese Weise verteilen und war somit auszuhalten.« Er ritzt mit seinem Kugelschreiber eine Art Tunnelplan in den Boden, der mir vorkommt wie ein Irrgarten aus Fels. Nachdem diese Stadt aufgegeben worden sei, habe sich die letzte verbliebene Abfallschicht im Lauf der Jahrhunderte verfestigt. Aber sie wurde nie so fest wie der übrige Untergrund hier im Tuff, daher der unterschiedliche Klang bei einem harten Tritt. Manchmal braucht man hier nicht nur gute Augen, sondern auch noch gute Ohren.

Gökşen hat nie Archäologie studiert. Und dennoch weiß er über diese unterirdischen Städte vermutlich mehr als jeder andere Forscher. »Ich habe als Kind zu Hause noch Reste dieser Höhlenkultur erlebt«, sagt er. »Ich bin durch eigene Erfahrung mit dieser Geschichte verbunden. Nur weil Omas Misthaufen in meiner Erinnerung existierte, war ich in der Lage, diese Stelle hier zu erklären.«

Wir stapfen durch einen Raum, der ein Weinkeller gewesen sein muss. Meine Augen folgen Gökşen ausgestrecktem Finger. Von dort kamen die Trauben rein, hier wurden sie gewaschen, hier am Boden auf einer Isolationsschicht ausgebreitet und gestampft. Hier lief der Saft heraus, dann kam er zum Gären in große Krüge. Ob es wirklich so war? Wer weiß es schon genau? Aber solange es nichts Einleuchtenderes gibt, sind Gökşen Deutungen schlüssig und nachvollziehbar. Allmählich erweckt er durch seine Worte die versunkene Stadt zu neuem Leben.

Ein Stockwerk tiefer gibt es einen Raum, der kreuzförmig angelegt ist. Dies war dann wohl der Kirchensaal, in dem sich die Gemeinde zur Messe zusammenfand. »Zugegeben, dies ist nun reine Fantasie«, sagt der türkische Hobby-Archäologe. »Aber schauen Sie sich doch mal das hier an. War dies nicht eine steinerne Baderinne?

Kann es nicht sein, dass dies den Fluss Jordan symbolisiert? Denken Sie an die Taufszenen, über die in der Bibel berichtet wird! Denken Sie daran, wie wichtig symbolische Darstellungen in jener Zeit waren!« Er geht zu einer Wand und zeigt auf eine Nische. »Und das hier – war dies vielleicht die Krippe von Bethlehem?«

Für Gökşen gibt es keine Zweifel: Die Menschen, die diese ursprünglichen Lagerräume zu einer unterirdischen Stadt ausgebaut haben, waren Urchristen. Schon 17 n. Chr. kam Kappadokien unter römische Herrschaft, danach setzten – in mehreren Wellen, je nachdem wer in Rom regierte – blutige Christenverfolgungen ein. Der heilige Paulus, der quer durch Kleinasien zog, um Menschen für den neuen Glauben zu bekehren, hat auch in Kappadokien seine Spuren hinterlassen. Diese einsame, trockene Gegend fast ohne oberirdische Quellen war für die Römer kaum interessant und wurde daher nicht dauerhaft besiedelt. Daher war sie für Menschen, die unter Druck standen, ein ideales Rückzugsgebiet. In den Höhlenkirchen über Tage wimmelt es von altchristlichen Fresken. Wenn Gökşen Vermutungen stimmen, haben die Christen hier auch den Untergrund bevölkert. Sicher vor allem, um sich vor den extremen Temperaturen zu schützen, die hier sommers wie winters herrschen. »Aber hier wurden auch Vorrichtungen getroffen, um sich gegen einen Feind zu verteidigen«, sagt Gökşen. »Kommen Sie mit – wir werden es noch sehen.«

Wir ziehen wieder die Köpfe ein, steigen weiter nach unten, dann richten wir uns auf, genießen unser gestrecktes Kreuz und atmen durch. Ich staune über die raffinierte, bis in den letzten Winkel reichende Luftzirkulation. »Derinkuyu hat 52 große und schätzungsweise 15 000 kleine Luftschächte«, sagt Gökşen. »Hier unten konnten vermutlich bis zu 20 000 Menschen leben.«

Mit jeder Stunde, die ich hier verbringe, wächst die Dimension dessen, was sich hier über Jahrhunderte hinweg abgespielt haben mag. Ein acht Kilometer langer Tunnel wurde entdeckt, der die Katakomben von Derinkuyu mit den Katakomben von Kaymaklı verbindet. Die Archäologen beginnen zu ahnen, dass womöglich sämtliche unterirdischen Städte Kappadokiens auf diese Weise miteinander verbunden waren. Wenn das stimmt, konnten Zehn-, ja Hunderttausende von Menschen beim Nahen von Feinden – erst der heidnischen Römer, dann der muslimischen Araber – völlig unerkannt von einem Ort zum anderen flüchten. Die Verfolger oben hatten keine Ahnung, wohin die Verfolgten unten sich zurückgezogen hatten. Offensichtlich stehe ich hier in einer Verteidigungsanlage, die an Genialität nicht zu übertreffen war.

Gökşen nimmt einen Schlüssel und kratzt an der Decke, sofort bröselt es auf uns herab. »Sehen Sie, wie porös dieser Tuffstein ist«, sagt mein Führer. »So war es möglich, dass sich die Leute immer weiter nach unten gruben.« Stück um Stück, Stock um Stock. »Wahrscheinlich reichte als Beleuchtung für jeden Quergang eine fest angebrachte Fackel aus«, sagt Gökşen. »Die Augen der Menschen, die längere Zeit hier unten lebten, waren an die Dunkelheit gewöhnt. Die Leute kannten jeden Gang und jeden Winkel. Außerdem half ihnen das System der fixen Fackeln im Fall einer Gefahr. Kam von oben eine bewegliche Fackel auf sie zu – das konnte nur der Feind sein. Dann wussten die Leute, was sie zu tun hatten. Sie konnten in Ruhe auf ihn warten – und brauchten dann nur noch einen Knüppel.«

Die Gänge, durch die wir streifen, sind im Durchschnitt 1,30 Meter hoch. Auch das, erklärt Gökşen, war für den Fall eines Kampfes ein strategischer Vorteil. Die Bewohner waren an so niedrige Höhen viel mehr gewöhnt als jeder Eindringling. Diese Stollen konnten zudem leicht mit runden Steinen verschlossen werden, die in Wandnischen untergebracht waren und im Notfall herausgerollt wurden. Wir stehen plötzlich vor einer solchen Sperre. Der Stein hat in sei-

Sonnenaufgang über Tuffsteinfelsen: Ballonfahrt für Touristen

ner Mitte ein Loch – groß genug, um hindurchzuspähen, und auch groß genug, um dem Feind auf der anderen Seite einen Speer in den Leib zu rammen.

Hier ist der Weg zu Ende. Dafür bietet sich eine Abzweigung an. Wir biegen erst nach rechts, dann nach links, dann ruft Gökşen »Halt! Keinen Schritt weiter!« Täten wir das, würden wir genau in die Falle geraten, die nach seiner Ansicht hier gebaut wurde. Der Feind wurde damals, vermutlich durch eine brennende Fackel, auf diese Ausweichroute gelockt. Die zweite Biegung aber hatte zur Folge, dass auf das folgende Stück kein Lichtstrahl mehr fiel. Der Feind hastete ahnungslos ins Dunkel – und stürzte dort über eine steile Rutsche und durch einen senkrechten, 8,50 Meter tiefen Schacht in den sicheren Tod. Ich stehe fassungslos vor diesem schwarzen Abgrund, in den Gökşen mit seiner Taschenlampe hineinleuchtet. »Ich habe Jahre gebraucht«, sagt er, »um auf diese Idee zu kommen.«

Gökşen weitet das Szenario noch aus. Er leuchtet auf deutlich erkennbare Einkerbungen an den Wänden des Schachtes: Griffe für die Hände, Tritte für die Füße. »Diese Belüftungskamine waren Falle und Fluchtweg zugleich«, sagt er. Die Einheimischen wussten genau, wo sich diese Stellen befanden. Mit Hilfe eines Seils konnten sie sich in Windeseile nach oben oder nach unten hangeln, je nachdem, wie es die Situation erforderte. Der Feind aber wusste nichts von diesen Kerben. Ihm blieb nichts anderes übrig, als sich an einem Seil nach unten zu lassen. Zu beiden Seiten des Schachtes aber gibt es zahlreiche Nischen, in denen sich Wächter unerkannt postieren konnten. »Die brauchten dann nur auf den Feind zu warten«, sagt Gökşen. »Wenn er an der Nische vorbeigeschwebt war, schnitten sie mit einem Messer das Seil einfach durch.«

Wir sind im achten und letzten Stockwerk angelangt. Die Tiefe beträgt nunmehr 53 Meter. Gökşen zündet sich eine Zigarette an. Die Streichholzflamme lodert kerzengerade nach oben. Der Abzug ist noch immer perfekt. Wir sehen Risse im Fels, die Folgen von Erdbeben. Die Bewohner von Derinkuyu zogen hier drei Säulen ein, um das Gewölbe zu stabilisieren. »Noch tiefer zu bauen machte keinen Sinn«, sagt Gökşen. »Denn der Grundwasserspiegel, den wir heute auf 120 Meter Tiefe finden, lag damals noch bei 85 Metern.«

Gökşen zeigt auf den Grund des langen Schachtes. »Hier lag ein Holzbrett mit Fellen«, sagt er. »Es sicherte den Brunnen, der sich darunter befand. Wenn Feinde auf die Idee kamen, hier etwas herunterzuwerfen, um das Wasser zu vergiften, so wurde es durch diese Sperre aufgefangen.« Die Leute haben damals offenbar wirklich an alles gedacht.

Ich hocke mich auf einen Felsvorsprung und versuche, dies alles zu verdauen. »Mir geht es manchmal nicht anders«, sagt Gökşen. »Mein Problem ist, dass ich immerzu allein mit meinen Gedanken bin. Ich möchte auch mal einen Zweifel hören. Ich möchte auch mal korrigiert werden.« Aber so einen wie ihn, der über eine Stelle im Stollen wochen-, monate-, jahrelang grübelt, gibt es eben nicht mehr. Die Wissenschaft nimmt nur das ernst, was zu Papier gebracht, auf Fachkongressen vorgetragen und dann ausführlich diskutiert wird. Und Gökşen ist zwar ein Meister des Denkens, Kombinierens und Erzählens – aber, wie er selber freimütig bekennt, nicht des geschriebenen Wortes. So bleibt dieser türkische Einzelkämpfer allein mit seinen Theorien, obwohl er sich in all diesen Untergrundstädten vielleicht so gut auskennt wie deren Bewohner in biblischer Zeit.

Der letzte Winkel, den Gökşen mir zeigen will, hat bezeichnenderweise mit dem Tod zu tun. Wir kriechen in eine Sackgasse, an deren Eingang ein Kreuz in den Stein gemeißelt ist. Der Gang ist jetzt nur noch einen Meter hoch. »Hier war das eine Massengrab«, sagt mein Begleiter. Ich erkenne eine rechteckige Grube. »Dies war der Platz für die toten Christen. Dort drüben, auf der anderen Seite, war das andere Massengrab. Der Gang dort ist nicht mit einem Kreuz markiert. Also war dies das Grab für die Feinde.« Hier unten, denke ich, hatte alles seine Ordnung. »Es hat keinen Sinn, hier nach Knochen zu suchen«, sagt Gökşen und lächelt. »Wenn die Grube voll war, wurde ausgeräumt. Die Skelette wurden nach oben gebracht, um Platz für neue Leichen zu schaffen. Ja, sie haben alles immer schön sauber gemacht.«

Ankara

Kemal Atatürk ist allgegenwärtig. Seine Statue steht vor Schuleingängen, denn er ist der Vater des modernen türkischen Alphabets. Sein Konterfei hängt in jeder Amtsstube, denn er ist der Vater der modernen türkischen Verfassung. Jedes Haus, in dem er irgendwann einmal logierte, ist heute ein Atatürk-Museum. Kaum eine Stadt kommt ohne Atatürk Bulvarı aus, nach ihm ist stets die Hauptstraße benannt. Jedes Jahr am 29. Oktober prangt sein Gesicht auf Tausenden von roten Fahnen, die an hohen Gebäudefronten aufgehängt werden. Es ist der Tag, an dem er 1923 die Republik ausrief und Ankara zur Hauptstadt machte. Nach dem Zusammenbruch des Osmanischen Reiches, nach der demütigenden Niederlage im Ersten Weltkrieg, nach all den Bestrebungen der Sieger, auch das türkische Kerngebiet in Stücke zu reißen, war der Militärführer mit dem strengen Blick und der harten Hand der einzig verbliebene Held. Der Einzige, der in der Lage war, die Nation zusammenzuhalten. Der Einzige, auf den sie noch stolz sein konnte. Atatürk, der »Vater der Türken«, ist nun schon fast 70 Jahre tot. Aber es scheint, dass das Land ihn auf ewig brauchen wird.

Kapitel 13

ANKARA
Die strengen Väter

Die Stimme aus dem Lautsprecher klingt, als werde hier eine höhere Macht beschworen. Sie dehnt sich zu poetischen und pathetischen Schwüngen, mal laut, mal leise, mal in die Höhe, mal in die Tiefe. Was sie vorträgt, ist eine Ode an die Nationalflagge. »Sie repräsentiert die Ehre unseres Militärs«, heißt der Text. »Ihr Schutz ist die heilige Pflicht unserer Streitkräfte. Sie darf unter keinen Umständen angetastet werden.«

Diese Fahne, so rezitiert die Stimme, habe mehrere Aspekte. Die rote Farbe sei »das Blut unserer geheiligten Ahnen«, der Stoff »die Haut unserer Gefallenen«; ihre Strahlkraft symbolisiere »das Morgenlicht des Sieges«, Stern und Halbmond »die Freiheit und Unabhängigkeit«; was sie verkünde, sei »Heldentum und Tugend« und der »Wille des Volkes«.

Erst hob sich die Stimme, beschwörend, feierlich pathetisch, nun heben sich die Köpfe. Kleine Pünktchen tauchen am Himmel auf, schweben hernieder und werden rasch größer. 16 Fahnen, getragen von Fallschirmspringern, flattern zur Erde. Jede von ihnen, sagt der Sprecher, stehe für einen Abschnitt in dem langen Freiheitskampf der Türken, beginnend mit der Abschüttlung des chinesischen Jochs in den zentralasiatischen Steppen und endend mit Mustafa Kemal, der zum unsterblichen Atatürk wurde. Dann wird die Nationalflagge entrollt, 433,5 Quadratmeter heiligen Stoffs, acht Soldaten packen sie an ihren Enden, spannen sie und breiten sie vor der Tribüne mit den Ehrengästen aus. Chor und Orchester des Anadolu-Lyzeums für schöne Künste in Ankara treten auf, ein Mädchen spricht ein Gedicht, Schüler aus Gaziantep tanzen in folkloristischen Kostümen, dann marschiert die Kapelle eines Wachbataillons.

Es ist der 29. Oktober, der »Tag der Republik«. Vormittags Punkt elf hat in der Hauptstadt Ankara die große Militärparade begonnen, der offizielle Höhepunkt des Nationalfeiertages. Tausende säumen das Gelände auf dem Hippodrom, der überlebensgroße Atatürk blickt von ausgehängten Stoffbahnen ringsum auf das Volk herab. Dies ist die Stunde, in der das Militär sich inszeniert. Ich stehe neben den Kameraleuten des türkischen Fernsehens, die das Ereignis live in die Wohnstuben übertragen. Und mir fallen die Worte ein, die mir ein Universitätslehrer in den ersten Tagen meiner Reise sagte: »Es gibt einen Punkt, in dem ihr Europäer dieses Land nie verstehen werdet. Die Türkei ist ein Kind des Militärs. Niemand kann sich, das wissen Sie, seine Eltern aussuchen. So ist es auch der Türkei ergangen.«

Das Programm rollt ab mit minutiöser Präzision. 11.42 Uhr: Eine Militärkapelle. 11.46 Uhr: Ein Panzerregiment. 11.51 Uhr: Ein Mädchengymnasium. 11.54 Uhr: Der Rote Halbmond. 11.57 Uhr: Die Blaskapelle der Polizeiakademie. 12.02 Uhr: Studenten der Militärmedizinischen Akademie. 12.05 Uhr: Soldaten in historischen Uniformen, Befreiungskrieg 1921–22, Koreakrieg 1953, Zypern-Invasion 1974. 12.11 Uhr: Kavallerie und Artillerie.

Darsteller von Janitscharen ziehen an uns vorbei, die zur Zeit der Sultane den Feind mit ihrer eigenartigen, grell metallisch klingenden Marschmusik erschreckt haben sollen. Der Sprecher verkündet, die Klänge dieser Blas- und Schlaginstrumente – Trommel, Triangel und Tamburin, Becken, Pauken und Schellenbaum – hätten nicht nur Geisteskranke geheilt, sondern auch große Komponisten wie Mozart, Gluck und Beethoven inspiriert. Der Präsident blickt ernst wie Atatürk von der Tribüne, flankiert von Ministern und Botschaftern und vielen aufrecht dasitzenden Männern in Uniform. Diese zwei Stunden auf dem Hippodrom sind eine Demonstration von Stolz und Stärke. Sie soll zeigen, welche Macht die Türkei geworden ist. Und wem sie diese Macht zu verdanken hat.

Es sind die letzten Tage des muslimischen Fastenmonats Ramadan. Dies ist für den Sprecher Anlass genug, etwas zum Verhältnis von Staat und Religion in der Türkei zu sagen. Was die Militärs dazu verkünden, ist stets von grundsätzlicher Art. In diesen Zeiten, da der Islam im Nahen Osten brodelt – im Irak und Iran, in Saudi-Arabien und Palästina –, wollen sie eine klare Linie ziehen. Bis hierher und nicht weiter, das ist die Botschaft des Tages. Es ist nicht die erste und nicht die letzte. Jeder soll wissen, was geht und was nicht in diesem einzigen aller muslimischen Länder, in dem der Staat die Religion dominiert.

»Laizismus heißt nicht Religionslosigkeit«, sagt der Sprecher. »Vielmehr garantiert er die Entfaltung wahren Glaubens. Er öffnet die Türen zur Bekämpfung falscher Prediger und Gaukler. Man darf die Opportunisten nicht zum Zug kommen lassen.« Jeder weiß in diesem Land, wen er mit diesen Bezeichnungen meint. »Es gibt ungebildete Menschen, die im Namen der Religion sprechen«, zitiert er Atatürk. »Sie treten als Hodschas auf, aber sie haben schlechte Absichten. Sie haben nicht genug gelernt und weigern sich auch, sich weiterzubilden.« Die Sätze stammen aus dem Jahr 1923. Aber sie klingen so aktuell, als seien sie gerade ein paar Tage alt.

Damit ist die Grenze gezogen, und der Sprecher geht daran, die versöhnende Hand auszustrecken. »Unsere Nation hat zwei Tugenden: die Sprache und die Religion. Sie können durch keine Kraft aus dem Herzen und dem Gewissen herausgerissen werden.« Und er beschließt die Rede mit dem verführerischen Satz: »Stünde unsere Religion nicht im Einklang mit dem Verstand, der Logik und der Realität, müsste es ja zwischen den Gesetzen der Natur und der Religion einen Widerspruch geben.«

Parade am Nationalfeiertag: Uniformierte als Hüter des Erbes von Atatürk

Genug der programmatischen Worte. Was nun folgt, ist die optische und akustische Bekräftigung. Artillerieeinheiten marschieren. Panzerketten rattern. Jagdflieger rasen dicht über unsere Köpfe, kreuzen ihre Bahnen in Abständen, die einem das Herz stehen lassen, und steigen in tollkühnen Formationen hoch in den Himmel. Ein rauschendes, röhrendes Finale, das mehr ausdrückt als alle Worte zuvor. Wage es keiner, uns zum Feind zu haben!

Als das Reich der Osmanen am Boden lag, kämpften es die Militärs nach und nach von seinen Besatzern frei. Die Russen zogen aus dem Nordosten ab, die Franzosen aus Kilikien, die Italiener aus dem Südwesten, die Griechen aus dem Westen, zu guter Letzt die Alliierten aus Istanbul. Die neue Stärke, die die Türken nach der Rettung ihres Kernlandes spürten, nutzte Atatürk zu der Radikalkur, die das Land aus seinem Siechtum reißen sollte: Abschaffung des

Kalifats, Trennung von Staat und Religion, Einführung des lateinischen Alphabets, Gleichberechtigung der Frau. Die Gründung der Republik war eine Zangengeburt. Das Baby brauchte lange, um laufen zu lernen, und kam dann auch mehrfach auf die schiefe Bahn. Aber dafür waren und sind dann ja genügend strenge Väter da. Väter, die nicht zögern, notfalls mit der Faust auf den Tisch zu schlagen.

Es ist schwer, mit diesen Vätern – so sie in Amt und Würden sind – ins Gespräch zu kommen. Meine Bitte, einen hohen General sprechen und eine Militärschule besuchen zu dürfen, erntete im Presseamt der Regierung nur ein verlegenes, bedauerndes Lächeln. Türkische Militärs mögen keine neugierigen Autoren in ihrer Welt. Sie lassen sich auch nicht einfach interviewen. »Wenn sie etwas bekanntzugeben haben, entscheiden sie selber, wann, wie und wo sie das tun«, sagte mir ein ausländischer Diplomat. So bleibt nur der Weg zu Militärs im Ruhestand. Sie reden gern, und ihre Sprache ist außer Dienst wohl noch deutlicher, als sie es im Dienst gewesen ist.

Hüseyin Erim, Jahrgang 1946, hatte eine bestechende militärische Karriere. 1978 Planungschef für die NATO in Izmir, 1982 für die NATO in Belgien, 1986 türkischer Generalstab, 1987 Planungschef, 1995 Ausbildungschef, 1996 Brigadegeneral. Er kommandierte türkische Truppen bei Operationen gegen PKK-Guerillas im Nordirak, er war mit internationalen Friedenstruppen in Bosnien und Somalia. Und er sagt mir, dass es in der Türkei einen prinzipiellen Unterschied gebe zwischen Politikern und Militärs. Die einen fühlten sich in erster Linie ihren Parteien verpflichtet – die anderen in erster Linie dem Land.

»Was kümmert mich das Gesetz?« – »Diesen Satz«, sagt Erim, »könnten Sie fast jeden Tag von einem Politiker hören«. Er sage ihn zwar nicht öffentlich, sondern meist nur hinter verschlossenen Türen, aber er habe ihn ständig im Kopf. »Für einen Militär hingegen steht alles Schwarz auf Weiß. Wir haben unsere geschriebenen

Codes. Wir werden nach ihnen beurteilt – oder auch verurteilt.« Ein Marine-Kommandeur habe kürzlich wegen Bestechlichkeit vor dem Kadi gestanden? »Ja, so ist das bei uns«, sagt er. »Wer einen Fehler macht, wird dafür durch ein Gericht bestraft. Von welchem Politiker können Sie das sagen?«

Seit seiner Pensionierung 1998 arbeitet Erim als eConsultant, als Kundenberater im Internet. Aber man spürt, wo seine wahre Heimat ist. Das Militär ist in der Türkei die angesehenste Institution. Laut einer Umfrage von 2003 halten sie 88 Prozent aller Türken für die vertrauenswürdigste im Land. Wer einmal ihren Geist geatmet hat, macht kein Hehl daraus, dass er die Offiziere eigentlich auch für die besseren Politiker hält.

Um das nachzuvollziehen, braucht man nur einmal die Reihe der Parteien durchzugehen, die sich in den vergangenen 50 Jahren gebildet haben. Da entstanden eine Republikanische Volkspartei und eine Nationale Partei, eine Demokraten- und eine Demokratische Partei, eine Freiheits-, eine Gerechtigkeits- und eine Neue-Türkei-Partei, eine Nationale Ordnungs- und eine Nationale Heilspartei, eine Türkische Arbeiter- und eine Nationalistische Aktionspartei, eine Nationalistische Demokratie- und eine Populistische Partei, eine Sozialdemokratische und eine Demokratische Linkspartei, eine Mutterlands- und Wohlfahrtspartei, eine Tugendpartei und eine Partei des richtigen Weges. Sie haben das Land in Dutzende von Regierungskrisen getrieben, und dreimal, als es am Abgrund stand, haben die Militärs reinen Tisch gemacht. 1960 putschten sie zum ersten, 1971 zum zweiten, 1980 zum dritten Mal. Niemand zweifelt, dass sie es wieder tun werden, wenn sie glauben, dass Atatürks Erbe in Gefahr ist.

»Wir stehen über den Parteien«, sagt Erim und lächelt freundlich, aber bestimmt. »Das ist immer so gewesen, und das wird sich auch nie ändern.«

Erim erzählt von der Liebe zwischen Volk und Militär. Er holt Fotoalben hervor, die ihn als Kommandeur in Şanlıurfa zeigen. »Wir haben an der syrischen Grenze Schulen für Kinder eingerichtet, die sonst nie die Schulbank gedrückt hätten«, sagt er. »Wir haben unseren Offiziersclub für ganz normale Leute geöffnet; die konnten dort Musik hören und auch mal ein Bier trinken – und wenn die örtlichen Fundamentalisten noch so wütend waren. Wir haben Geburtstagspartys und Töpferkurse veranstaltet, Ausstellungen organisiert, Weihnachtsbäume aufgestellt und unsere Ärzte in Dörfer geschickt, wo sich sonst nie ein Arzt blicken ließ.« Als er aus der Region abgezogen wurde, habe es eine Flut von Briefen mit nur einem einzigen Tenor gegeben. »Wir brauchen unseren General!«, hätten die Leute geschrieben.

»Wir sind Atatürks Kinder«, sagt Erim. Atatürk habe die Begabung gehabt, alles 20 bis 30 Jahre früher als andere zu sehen. Er habe vorgelebt, was Solidarität mit dem Land sei – statt Solidarität mit einer Interessengruppe. »Wir sind auch bereit, Opfer für unser Land zu bringen«, sagt er. »Glauben Sie, ich wäre sonst nach Bosnien und Somalia gegangen? Für 70 Dollar Sold pro Tag?«

Erim hat als Militär die Welt gesehen. Sein Sohn studiert in England, seine Tochter in den USA. Er ist froh, dass es die Europäische Union gibt und dass die Türkei ihr beitreten will.

»Fühlen Sie sich denn als Europäer?«, frage ich.

»Die Militärs kennen Europa besser als jeder andere«, antwortet er. »Ohne Europa hätte sich unser Land nie modernisiert. Und ohne den Druck der EU hätte es auch all die Reformen der vergangenen Jahre nie gegeben.«

Europa, so warnt er, solle sich gut überlegen, ein Land wie die Türkei vor der Tür zu lassen. »Wir sind für Europa der Sicherheitsschild. Wenn der weg ist, wird sehr bald Osama Bin Laden an den Grenzen von Griechenland und Bulgarien stehen.«

Ankara

Das neue Ankara sieht nicht mehr sehr türkisch aus. Die Stadtrandviertel, in denen die wohlhabende Mittelschicht wohnt, wirken in Madrid, München und Manchester nicht sehr viel anders. Die Shopping-Center, zu denen sich die Autoströme bewegen, haben einen amerikanischen Touch. Die Bilkent-Universität mit ihren gut 10 000 Studenten ist ein riesiger Campus mit weit geschwungenen Zufahrtsstraßen. An Bildungsstätten wie diesen wächst die Nachwuchselite der aufstrebenden Wirtschaftsmacht heran. Hier wurde alles größer als anderswo gemacht. Und hier wird auch größer gedacht.

Kapitel 14

ANKARA
Die heilige Waffe

Die Galerie von Attila Güllü ist ein Bilder-Bunker, ein stilles, fast versteckt wirkendes Refugium für die Kunst. Ich steige eine Treppe hinab ins Untergeschoss, dort öffnet sich die Tür zu einem runden, relativ niedrigen, von Rundsäulen gerahmten Raum. Die Lichter der Deckenlampen werfen Reflexe auf die blank gewienerten Marmorfliesen. An den Wänden hängen Werke des türkischen Malers Hanefi Yeter: Menschen mit eckigen Gesichtern und klobigen, überdimensionierten Gliedmaßen, umrankt von Flora und Fauna – das Thema dieser Ausstellung ist der Mensch und sein schwierig gewordenes Verhältnis zur Natur.

Der Raum liegt geschützt und doch zentral. Er gehört zur Bibliothek der Bilkent-Universität, weit draußen im Westen von Ankara gelegen. Studenten spazieren hier durch, um die neuesten Werke zu sehen. »Bilkent« ist eine Abkürzung von *bilim kenti*, »Stadt der Wissenschaft«. Güllü liebt sein kleines Reich. Der 50-jährige Galeriechef, der zudem Events organisiert, internationale Verbindungen knüpft und nebenbei auch noch Yoga-Kurse leitet, sagt einen Satz, der etwas von den kulturellen Umbrüchen des Landes ahnen lässt. »Für uns ist es wichtig, einen individuellen Freiraum zu erkämpfen: frei von staatlicher Unterdrückung, frei von religiöser Bevormundung, frei von ideologischem Druck.« Die Zwangsjacken, in die Künstler gesteckt wurden, sind für ihn noch nicht Geschichte.

Der letzte der drei Militärputsche, sagt er, sei nicht nur ein Schlag gegen das Chaos gewesen. Es sei schon richtig, dass die Türkei

1980 am Abgrund gestanden habe; 7000 MG's, 48 000 Gewehre und 640 000 Faustfeuerwaffen wurden damals aus illegalem Besitz konfisziert. Doch der Kahlschlag der Generäle, mit dem sie offenbar alle Grundübel der Türkei auf einmal ausrotten wollten, habe auch noch andere, ganz unbeabsichtigte Folgen gehabt. Die zehnjährige Verbannung aller Parteiführer aus der Politik, die Säuberungen aller Institutionen, das Verbot jeglicher Aktivität, die in irgendeiner Weise als Bedrohung der nationalen Einheit empfunden werden konnte, dies alles habe weite Bereiche der Gesellschaft entpolitisiert. »Aber es wurde dadurch auch eine neue Bewegung geboren – eine Bewegung, die aus den Ängsten der damaligen Zeit entstand.«

Damals, sagt Güllü, habe noch der Kalte Krieg zwischen West und Ost geherrscht, die Türkei sei NATO-Frontstaat gewesen, so hätten die Militärs das rechte Auge deutlich mehr geschlossen als das linke. Sie hätten alles zerschlagen, was irgendwie links gewesen sei – und nicht bemerkt, dass sich auf der anderen Seite eine Strömung bildete, die sich geschickt der staatlichen Repression entzog. »Die Rechten sprachen plötzlich nur noch von Gott«, sagte Güllü. »Sie merkten, dass Gott eine wundervolle Waffe war.« So seien sie in das Vakuum gestoßen, das die Militärs geschaffen hatten.

Heute, 25 Jahre später, haben Intellektuelle wie Attila Güllü Angst vor dieser Bewegung. »Sie packen dich bei deinen Sehnsüchten, bei ganz harmlosen Wünschen, du denkst dir gar nichts Schlechtes dabei«, sagt der Kunstmanager. »Jeder von uns will natürlich ein gutes Verhältnis zu Gott haben. Das nutzen diese Leute aus, für ihre eigenen, ganz anderen Zwecke.«

Beispiele? Güllü lächelt. »Davon gibt es genug. Wir haben schon eine ganze Reihe von Städten, in denen Sie praktisch keine alkoholischen Getränke mehr kaufen können.« Die Inhaber der entsprechenden Geschäfte seien schlicht unter moralischen Druck gesetzt worden. Aber nicht die Gebote des Islam, sondern die Gesundheit

Kunst im Uni-Keller: Attila Güllü und seine Galerie

der Menschen sei das Argument gewesen. In anderen Städten gebe es Pläne, Alkoholverkauf nur noch in Rotlichtbezirken zu gestatten, wo die Prostitution zu Hause ist. Auch in diesen Fällen gehe es offiziell nicht um den Islam, sondern angeblich um die Vereinfachung des bürokratischen Verfahrens zur Erteilung einer Alkohollizenz. »Sie schnüren dir ein Päckchen, das von außen wunderhübsch wirkt – aber drinnen ist ein ganz harter Kern. Und das ist Absicht, Plan, Strategie.«

»Wenn das stimmt, hätten also die Militärs selber ihren neuen Feind gezogen?«, sage ich.

»So ist es«, sagt Güllü. »Aber damals sahen sie das nicht so. Damals erblickten die Generäle ihre Feinde nur auf der Linken – und beobachteten nicht ihre vermeintlichen Freunde.« Es sei ihnen so ähnlich ergangen wie den Amerikanern mit Saddam Hussein, den sie anfangs auch gehätschelt hätten, weil er gegen Ajatollah Khomeini zu Felde zog. »Der Hund, den sie einst fütterten, beißt ihnen nun in die Hand.«

Güllü ist das, was man als »säkularen Muslim« bezeichnet. Religion ist für ihn Privatsache, da genau verläuft die Trennungslinie zu denen, die die Verfassung des Staates nach dem Koran schneidern wollen. »Ich habe großen Respekt vor islamischen Prinzipien, denn sie bereichern unser geistiges Leben«, sagt er. »Aber wenn sie unseren Alltag dominieren, wird blanker Faschismus daraus.«

»Das ist ein starkes Wort«, sage ich.

»Wenn ich meine Überzeugungen anderen aufoktroyieren will, dann ist das Faschismus«, beharrt er. »Wir führen hier einen Krieg gegen Faschisten. Sie als Deutscher wissen doch, was daraus wird, wenn man sie gewähren lässt. Sie haben das doch alles erlebt!«

»Vergleiche sind immer schwierig«, werfe ich ein. »Sie stellen die Islamisten auf eine Ebene mit den Nazis?«

»Als Privatmann kann ich hier so mit Ihnen reden«, erwidert er. »Aber wenn ich als Politiker hier im Fernsehen sage, dass diese Art von Islam Faschismus ist – dann riskiere ich mein Leben.«

Ist am Ende der Premierminister selbst, Recep Tayyip Erdoğan, der typische Vertreter dieser Strömung? Er begann seine Karriere bei der islamistischen Vereinigung »Milli Görüs«. Als er Bürgermeister von Istanbul war, wurde die Stadt so sauber wie nie, aber nebenbei wurden auch Bordelle verboten, eigene Badestrände für Frauen eingerichtet, getrennte Schulbusse für Jungen und Mädchen eingeführt. Als er 2001 die »Partei für Gerechtigkeit und Entwicklung« gründete, distanzierte er sich vom Begriff des »politischen Islam«, er lobte die Trennung von Religion und Staat, wie die türkische Verfassung es gebietet. Ein muslimischer Wolf im Schafspelz?

Güllü sagt, Erdoğan spreche nie offen aus, was er wirklich denke, denn damit würde er die Militärs reizen. »Er hat eine unheimlich gute Nase«, sagt Güllü. »Er wartet auf den richtigen Moment, dann streut er seine Gedanken aus – und kann in Ruhe zusehen, wie die Saat zu wachsen beginnt.«

Die Türkei ist nicht nur eine Brücke, die West und Ost verbindet. Sie ist auch wieder eine Front geworden. Die Linie, die zwei Denkkulturen trennt, liegt nicht immer für jedermann offen zu Tage. Sie verläuft auch nicht einfach zwischen West und Ost. Sie windet sich, wie eine unterirdische Ader, durch die Tiefen der türkischen Gesellschaft.

»Ihr in Europa habt euren Krieg mit der Kirche ausgestanden«, sagt Güllü. »Ihr habt alle mehr oder weniger säkulare Systeme. Wir hier haben diesen Krieg noch nicht gewonnen. Ja, wir stecken noch mitten in einem mittelalterlichen Kampf.«

Ankara

»Ein Türke hat im Durchschnitt sechs bis sieben Tabus«, schreibt die Autorin Elif Şafak in der englischsprachigen Zeitung »Turkish Daily News«, die ich mir in Ankara kaufe. »Wenn es darum geht, bestimmte Themen zu besprechen, können Sie sehen, dass selbst eine Person, die Sie als ungewöhnlich offen betrachten, plötzlich taub, blind und wortlos wird; sie setzt dem eigenen Denken Grenzen. Es sind diese Tabus, die uns die Beine verdrehen, die Hirne und das Gewissen einengen.«

Kapitel 15

ANKARA

Der Stress mit der Freiheit

Warum heiraten Männer? »Es hängt davon ab, wie alt sie sind«, sagt Ilkim Öz. Mit 20 bis 24, so sagt sie, suchten sie tief in ihrem Innern die gleiche Geborgenheit wie einst im Mutterbauch. Die physische Nabelschnur, die Verbindung zur Erzeugerin, sei ihnen bei der Geburt zwar ebenso abgeschnitten worden wie den Mädchen, die emotionale Nabelschnur aber sei erhalten geblieben. Wenn Männer 25 bis 40 seien, ändere sich die Sache. Nun wollten sie alle ihre Freiheit genießen – das Heiraten sei da eher ein Verlust als ein Gewinn. Männer jenseits der 40 hingegen, die noch Junggesellen seien, verfielen in Panik: Wer ist eigentlich da, wenn ich mal krank werde? Wer ist da, wenn ich sterbe? Was wird denn überhaupt bleiben von mir?

Warum heiraten Frauen? »Tief im Innern denken sie viel weniger an den Mann als an das Kind, das sie mit ihm haben wollen«, sagt Ilkim Öz. Sie seien für die Reproduktion programmiert, ihr Wesen sei geprägt von einem genetischen Code namens Muttersinn. Schon mit drei Jahren würden Mädchen beginnen, Mutter zu spielen, während die Jungen ihre ersten Kämpfe ausfechten. »Es ist ein verbreiteter Irrtum, dass Männer sich die Frauen zum Heiraten auswählen«, sagt die 41-jährige Psychotherapeutin. »In Wahrheit ist es genau umgekehrt. Frauen, die nicht verheiratet sind, tasten unbewusst immerzu ihre Umgebung ab. Sie sind instinktiv auf der Suche nach dem künftigen Vater des Kindes. Ihre Augen sind wie eine Kamera.«

Ilkim Öz, Mutter zweier Kinder, hat 14 Bücher über das Verhältnis der Geschlechter geschrieben, darunter sechs Ratgeber für

Eltern und drei Ratgeber für Teenager. Sie schreibt Kolumnen für Printmedien, tritt im Fernsehen auf, seit 2005 hat sie sogar ihren eigenen Verlag. Und die Leute rennen ihr die Bude ein. Sie ist die Erste, die in der Türkei mit Familientherapie begann. Sie diskutiert in aller Öffentlichkeit Themen, die in den meisten türkischen Familien bis vor Kurzem nie besprochen wurden. Was Psychotherapie eigentlich soll, wissen viele Türken bis heute noch immer nicht. »Es herrscht ein riesiger Nachholbedarf«, sagt sie. »Jeder ging zum Doktor, wenn er das Bein gebrochen hatte. Aber keiner ging zum Doktor, wenn ihm das Herz gebrochen wurde.«

Sie ist eine moderne Großstadtfrau, trägt Jeans und eine lange, purpurfarbene Strickjacke und erzählt die Geschichten, die ihr tagtäglich ins Zimmer schneien, mit einem charmanten Lächeln und in zurückhaltendem Ton. Öz kann wie kaum jemand sonst aus dem Schoß der türkischen Gesellschaft berichten. Sie sieht, wie dieses Land sich ändert. Sie spürt, wie die Menschen freier werden – aber auch, welchen Preis sie dafür zahlen.

Tabus sind das Erbe der alten Zeit. Ein Ehepaar, berichtet sie, hatte 20 Jahre lang keinen Sex miteinander. Beide hatten von ihren Eltern gelernt, dass das eine schlimme Sache sei, und waren bis ins Innere verkrampft. Nach den ersten fünf Jahren begannen Verwandte und Freunde zu fragen, weshalb denn keine Kinder kämen. Die Frau rannte zum Doktor, der aber konnte nicht helfen, denn es sei, wie er sagte, ein psychologisches Problem. Der Mann begann aus Verzweiflung zu trinken, alles wurde dadurch noch schlimmer, denn nun begann die Frau, die Schuld bei sich zu suchen. »Sie werden es nicht glauben«, sagt Öz, »aber beide hatten die Universität besucht. Wir haben jetzt immer mehr solche Fälle: akademisch gebildete Leute, aber null Erziehung auf dem Gebiet der Sexualkunde.«

Die Probleme, die die neue Zeit bringt, werden zahlreicher. Zum ersten Mal gibt es gestresste Ein-Kind-Familien, in denen die berufstätigen Eltern keine Zeit für den Nachwuchs haben und das Kind nicht mehr lernt, mit anderen zu teilen, weil es keine Geschwister hat. »All die Entwicklungen, die in Europa stattgefunden haben, laufen nun auch bei uns ab«, sagt sie. »Der Kampf um die Karriere wird schärfer, die materiellen Wünsche größer. Die Kinder erhalten eine bessere Erziehung, aber die Ansprüche, die die Eltern an ihre Söhne und Töchter stellen, wachsen mindestens im gleichen Maß.«

Früher ruhte das Leben der Familie auf zwei Säulen: Respekt *(saygı)* für die Alten und Liebe *(sevgi)* für die Jungen. Kinder hatten die Hände ihrer Eltern und Großeltern zu küssen, bekamen aber meist menschliche Wärme. Heute schicken immer mehr vermögende Eltern ihre Zöglinge in Internate, damit sie dort fit gemacht werden für den Lebenskampf – eine Trennung von der Familie, die bis vor Kurzem undenkbar gewesen wäre. Die Kinder spüren den Druck, die Kälte, die Einsamkeit. »Diejenigen, die am härtesten gefordert werden«, sagt Öz, »sind die Ersten, die Depressionen bekommen.«

Die Psychotherapeutin erzählt, zu ihr sei ein 33-jähriger Mann gekommen, ein Karrieretyp mit BMW in der Garage, Supersoundsystem im Wohnzimmer, zum Abendessen nach Paris, zum Shopping und Sonnenbaden nach Dubai. Seine erste Ehe war in die Brüche gegangen. »Jetzt bin ich richtig frei«, habe er gesagt, »aber auch richtig allein. Dabei dachte ich immer, jetzt müsste ich eigentlich glücklich sein.« Öz sagt: »Das sind die Menschen, die nur gelernt haben, etwas zu besitzen, aber nicht, etwas zu teilen.« Sie musste ihm leider sagen: »Für so etwas gibt es keine Therapie.«

Alles hat seinen Preis, an dieser Erfahrung kommen auch die Türken nicht vorbei. Ich bitte die Psychotherapeutin, eine Gewinn- und Verlustrechnung aufzumachen. Was ist gut, was ist schlecht an der neuen Zeit? Werden die Türken mehr gewinnen oder mehr verlieren?

»Ich fürchte«, sagt sie, »die Verluste sind größer.« Das aber erkenne man aber leider meist erst dann, wenn sie eingetreten sind.

Antalya

»Hey Mister, how are you?« Gern kratzen Türken ihre paar Englisch-Brocken zusammen, um mit Fremden ins Gespräch zu kommen. Im Osten des Landes, in den nicht viele Ausländer kommen, war es fast immer pure Neugier. Hier an der Mittelmeerküste, wo das Geschäft mit den ausländischen Gästen brummt, hat die Anmache das Ansprechen ersetzt. Kein Mensch, der mich auf der Straße anredet, ist an mir als Person interessiert. Dafür umso mehr an meinem Geld. Der Tourismus hat seine Spuren hinterlassen.

Kapitel 16

ANTALYA

Der Mann an der Front

Märchen haben die Eigenart, dass sie ganz schlicht und undramatisch beginnen. So ist es auch mit dieser Geschichte.

Es war einmal ein Junge, der lebte in einem armen kurdischen Dorf. Es hieß Çaldıran und lag 70 Kilometer östlich von Van, ganz nahe der iranischen Grenze. Das Leben war hart in diesem Dorf, vor allem wenn der Winter kam. Einmal, so erzählten die Leute, wurden dort minus 47 Grad gemessen – nirgendwo in der ganzen Türkei war es je so kalt gewesen.

Der Name des Jungen war Fettah Tamince, der Sohn von Salih und Sahide Tamince. Er wurde 1972 geboren, als erstes von neun Kindern, fünf Jungen und vier Mädchen. Fettah machte seinen Eltern viel Freude, weil er in der Schule so fleißig war. Zu Hause half er seinem Vater, der Stoffhändler war, und so war der Vater guten Mutes, dass aus seinem Sohn eines Tages ebenfalls ein guter Händler würde.

Als der Junge 13 Jahre zählte, kam er eines Tages auf eine ungewöhnliche Idee. Er packte 13 Stoffballen aus dem Warenlager seines Vaters in das Auto seines Cousins. »Vater«, sagte Fettah, »ich werde versuchen, diese Stoffballen in den umliegenden Dörfern zu verkaufen.« Der Sohn hatte nämlich beobachtet, dass sein Vater nie zu den Kunden hin ging, sondern immer nur auf sie wartete. Er wusste, dass Frauen gern Kleidungsstücke schneiderten, aber kaum einmal von zu Hause wegkamen. Also dachte er sich, es sei besser, diese Frauen aufzusuchen.

Nach drei Tagen kam er mit seinem Cousin zurück. Die Stoffe waren alle weg, der Junge aber brachte nur wenig Geld mit. Stattdessen trieb er eine 20-köpfige Herde aus Kühen, Schafen und Ziegen vor das Elternhaus. Weil die meisten Kunden nicht genügend Bargeld besaßen, hatte sich der Junge auf Tauschgeschäfte eingelassen. Der Vater war wütend, weil er glaubte, sein unerfahrener Sohn habe sich hereinlegen lassen. Tags darauf aber verkaufte Fettah alle 20 Tiere. Was er dafür bekam, war viel mehr, als der Vater je für 13 Stoffballen eingenommen hatte. Nun war Salih Tamince mächtig stolz, einen so schlauen Sohn zu haben.

Als die Schulferien kamen, nahm er ihn mit auf eine große Reise nach Westen. Sie besuchten Antalya, eine Stadt so groß und so schön, wie sie der Junge nie zuvor gesehen hatte. Die Straßen waren viel besser als im Dorf, es gab grünes Gras statt nur graubraune Erde, und vor allem gab es viele, viele Geschäfte. In Antalya wohnten Verwandte, und dem Sohn gefiel es dort so gut, dass er seinen Vater anbettelte: »Papa, ich will in Antalya bleiben.«

So also fing das Märchen damals an. Fettah Tamince, nunmehr 33, erzählt die Geschichte, als sitze er mit seinen eigenen Kindern an einem knisternden Ofen. Stattdessen aber schrillen das Festnetz- und das Mobiltelefon dazwischen, sein Partner Aytekin Gültekin nähert sich mit gewaltigen Bauplänen in der Hand. Wir befinden uns in der obersten Etage seines Firmenbüros. Antalya, Stadtteil Çağlayan, am Barınaklar Bulvarı. Es dauert fünf Stunden, bis die Geschichte zu Ende erzählt ist. Der Konzernchef hat dabei kein einziges Mal auf die Uhr geblickt. In welchem vergleichbaren Vorstandsbüro wäre mir das wohl passiert?

Fahren wir also fort mit dieser Geschichte aus Tausendundeiner Nacht. Wenn auch in etwas gestraffter Form, weil der heutige Leser dafür keine fünf Stunden Zeit mehr hat. Der junge Fettah durfte bei seinen Verwandten in Antalya bleiben. In dem Gymnasium, das er nun besuchte, war es anfangs nicht gerade leicht für ihn, denn zu Hause hatte er nur Kurdisch, nie Türkisch gesprochen. Nach ein paar Monaten aber war er schon der Beste in Mathematik, und am Ende des Schuljahres hatte er auch die beste Englischnote.

Der Junge half, das kannte er von zu Hause, im Teppichladen seines Onkels mit. Ware zusammenrollen, sauber machen, Tee servieren. Irgendwie aber reichte ihm das nicht. »Ich will Verkäufer werden«, sagte er. »Gebt mir eine Chance!« Er sah, welche Touristenmassen, vor allem aus Deutschland, jeden Tag durch Kaleiçi, die Altstadt von Antalya, strömten. Die Verwandten aber lachten nur und sagten, er solle erst mal seine Schule beenden.

Da nahm er eines Tages die Sache selbst in die Hand. Mit einem Stift kritzelte er sich auf die linke Hand den Satz: »Ich will Deutsch lernen!« Und auf die rechte malte er: »Wollen Sie einen Tee trinken?« Er ging nach Kaleiçi, stellte sich an belebte Straßenecken und hob seine beiden Hände in die Höhe, wenn deutsche Touristen des Weges kamen. Die professionellen Teppichhändler, die dort seit Jahren den reichen Ausländern auflauerten, tippten sich anfangs an die Stirn. Die Deutschen aber bestaunten den Kerl, quatschten ihn von sich aus an und fanden es amüsant, sich von ihm auf diese Weise in einen Teppichladen locken zu lassen. »Nach sechs Wochen«, sagt Tamince, »hatte ich mehr verkauft als all die Profis um mich herum.«

Der Jungstar unter Antalyas Teppichhändlern freute sich auf die nächsten großen Ferien. Seine Freunde schlugen sich die Nächte in Discos um die Ohren und schliefen morgens bis elf oder zwölf. Tamince aber fuhr früh hinaus zum Flughafen und zum Busbahnhof und bot sich Touristen als Stadtführer an, natürlich inklusive Abstechern in Teppichgeschäfte. Von jedem Kunden, den er gewann, ließ er sich die Visitenkarte geben. Jedes Mal, wenn die Ferien zu Ende waren, hatte er ein paar hundert neue Deutsch-Vokabeln im Kopf und ein paar hundert neue Visitenkarten in der Tasche.

Als er 18 war und den Führerschein besaß, holte er aus zum ersten großen Schlag. Er tat sich mit Ali Sendil, einem Konkurrenten, zusammen. Beantragte ein Besuchervisum für die Schweiz und Deutschland. Packte einen alten Daihatsu mit Teppichen voll, mehr als 14 gingen nicht rein. Und brauste mit der klapprigen Kiste erst mal nach Zürich. Er hatte Hunderte von Visitenkarten dabei, alles gut verdienende Leute, die er in Antalya kennengelernt hatte. Sie waren baff, als der junge Mann und sein Partner bei ihnen in der Heimat auftauchten, und gar noch mit herrlichen Teppichen, Lieferung sozusagen frei Haus. Es vergingen nicht viele Tage, da waren die 14 Teppiche weg. Tamince und sein Partner organisierten neue Ware, noch einmal mindestens 40 Stück, damit fuhren sie nun quer durch Deutschland. Kunden? Kein Problem, Tamince hatte alle Adressen, die er brauchte. Sprache? Kein Problem, Tamince sprach inzwischen so exzellent Deutsch, dass er sich vor keinem Verkaufsgespräch zu fürchten brauchte. Als das Visum ablief, war das Auto schon wieder so gut wie leer, und die Konten der beiden waren voll. Halbe-halbe, so hatten sie es vereinbart. Der Anteil, der Tamince zustand, war so hoch, dass er sich zwei Eigentumswohnungen und einen Renault Concorde 21 kaufen konnte. Zum ersten Mal bekam er den Neid von Anderen zu spüren. »Wie ist es möglich«, fragten die Leute, »dass ein so junger Verkäufer ein solches Auto fährt?«

Tamince studierte noch ein wenig Betriebswirtschaft und Germanistik. Aber das praktische Business und das direkte Gespräch mit den Menschen faszinierten ihn deutlich mehr als das akademische Wissen. 1993 gründete er ein Geschäft für Damen- und Herrenbekleidung in Antalya und eines für Ledertaschen im 40 Kilometer entfernten Touristenort Kemer. Als er merkte, dass die Läden nicht so gut liefen, stieß er sie schnell wieder ab. In der Presse erschienen nun auch die ersten Geschichten über betrügerische Teppichhändler und Feriengäste, die von ihnen übers Ohr gehauen wurden. So stieg Tamince auch aus dieser Branche, deren Ruf sich rapide verschlechtert hatte, aus. 1994 machte er in Kemer einen Schmuckladen auf, vertrieb die Premiummarke »Gilan« und lernte auf diese Weise noch reichere Leute als zuvor kennen. Als er den Laden 1998 seinem Bruder Fesih überließ, hatte er schon einen Jahresumsatz von mehr als 25 Millionen Dollar.

In der Türkei kreuzen sich die Wege aus West und Ost, das kannte Tamince nun schon aus eigener Anschauung. Nun kam eine neue Erfahrung hinzu, eine mit einer ganz neuen Dimension. 1996 lernte er die ersten reichen Russen kennen, die Lust auf große Investitionen hatten. »Russen«, sagt er, »geben viel mehr und viel leichter Geld aus als Deutsche. Sie sind einfach ein ganzes Stück verrückter. Sie denken groß, und das mag ich an ihnen.«

Tamince lernte nun auch noch Russisch. Er richtete in Moskau ein Schmuckbüro ein, erwarb dafür ein Grundstück und eine Villa und machte so seine ersten Erfahrungen mit dem Immobilienmarkt. Zusammen mit einem Partner aus New York kaufte er im türkischen Ferienort Çamyuva ein halb fertiges Hotel, dessen Bauherrn die Luft ausgegangen war, und als er es 2000 eröffnete, hatte er schon eine ziemlich lange Liste von Reichen, die er dorthin einladen konnte. »Die meisten Türken, die Hotels am Mittelmeer besaßen, lebten in Istanbul und Ankara«, sagt er. »Ich aber wollte, wie früher im Dorf, näher an meinen Kunden sein. Ich will nicht die Strippen im Hintergrund ziehen, sondern ganz vorn mit dabei sein. Ich bin eine Art Frontkämpfer.«

Tamince hatte Lust auf mehr. Er bat einen alten Professor, eine Kapazität in der Keilschriftkunde, ihm ein paar geschichtsträchtige Namen vorzuschlagen, geeignet, seine geplante Hotelkette zu benennen. Aus einer Liste von zehn Namen, die der Forscher ihm präsentierte, wählte er »Rixos« aus: einen der sagenhaften Gründer der antiken Stadt Perge, in deren Ruinen bei Ausgrabungen 1953 unter

Skulpturen entsprechende Inschriften gefunden worden waren. 2000 gründete Tamince die »Rixos«-Gruppe. Ihr Konzept beschrieb er mit dem Slogan: »All inclusive – All exclusive«.

Antalya war inzwischen die am schnellsten wachsende Stadt der Türkei. Sie war das Zentrum eines atemraubenden Tourismusbooms. Die Zahl der Urlauber, die sich an Ägäis und Mittelmeer bräunten und die antiken Stätten besuchten, war von drei Millionen 1987 auf mehr als zehn Millionen hochgeschnellt. In dieser Bonanza aus Wasser, Strand und Antike schoss nun ein »Rixos«-Hotel nach dem anderen aus dem Boden: 2001 in Beldibi, 2002 in Tekirova, 2003 in Bodrum, 2005 in Belek und Konya. 2006 eröffnet Tamince seine ersten beiden »Rixos«-Hotels im Ausland: in der ukrainischen Hauptstadt Kiew und in der kroatischen Küstenstadt Dubrovnik. 2007 soll ein »Rixos« in Wien folgen.

Märchen handeln meist davon, dass ein Wunder geschieht. Doch es wäre zu simpel, die reichen Russen von heute mit der Zauberfee von einst gleichzusetzen. Fettah Tamince hatte einfach eine gute Nase. Und ein glückliches Händchen, sei es beschrieben oder nicht. Was also ist es, das einen Dorfjungen schon mit dreißig zu einem Konzernherrn macht? Tamince lehnt sich zurück, denkt kurz nach und legt los.

Erstens: Pünktlich sein. »Wenn ich einen Termin um 8 Uhr habe, bin ich meist schon um 7.45 Uhr da.«

Zweitens: Immer an der Front. »Ich bin der Kommandeur. Da muss ich mit vorn sein, wenn die Truppe kämpft. Nur so kann ich die Leute motivieren.«

Drittens: Wie Wasser sein. »Wasser hat keine klaren Konturen. Der Gegner soll nie wissen, wie groß oder wie klein, wie schwach oder wie stark du bist.«

Viertens: Andere mitreißen. »Ich muss Verantwortung delegieren. Jeder Mitarbeiter muss das Gefühl haben, dass er seine Aufgabe selbstständig erledigen kann. Und trotzdem muss ich, ganz dezent, im Hintergrund die Kontrolle behalten.«

Fünftens: Nur keine Probleme. »Der beste Vertrag ist der, der niemals vor den Richter führt. Ich hake ein schlechtes Geschäft lieber ab, als dass ich versuche, den Verlust zu begrenzen. Nein, besser einmal schlucken und weg damit. Nicht die Niederlage kleiner machen, sondern sie durch den nächsten Sieg vergessen. Probleme töten die Kreativität.

Dazu komme, dass er jeden Tag zwei Stunden lese, sei es etwas über Marketing und Teambuilding, sei es etwas über Geschichte, Religion, Philosophie. Dass er versuche, durch Tennis und Schwimmen den Körper fit zu halten. Dass er, verheiratet seit 1993, seine Familie nie vergessen wolle. Sein Ziel, sagt er, seien die »drei großen Zufriedenheiten«: die des Kunden, die des Investors und seine eigene dazu. »Wenn Sie diese drei Dinge zusammen kriegen, dann haben Sie die ganze Welt für sich.«

Wenn nächstes Jahr das »Rixos« in Wien eröffnet, hat Fettah Tamince neun Hotels in seiner Gruppe.

»Wie viele sollen es denn noch werden?«, frage ich.

»Tausend«, sagt er und schickt ein Lächeln hinterher.

»Höre ich richtig?«, frage ich nach.

»Sie werden sicher sagen, das sei eine Utopie«, entgegnet er. »Vor zehn Jahren hätte ich das auch noch geglaubt. Aber inzwischen weiß ich, dass ich Visionen brauche.«

»Also tatsächlich tausend«, sage ich.

»Die ersten fünfzehn kosten am meisten Kraft«, antwortet er. »Die restlichen 985 sind dann nicht mehr so schwer.«

Lykischer Weg

Der »Lykische Weg« ist etwas für Leute, die das ganz andere suchen. Er führt von Antalya nach Fethiye über den westlichen Taurus, 509 Kilometer windungsreiches Auf und Ab, meist in gebührendem Abstand zu den Massen drunten am Strand. Es ist der einzige markierte Fernwanderweg der Türkei. Die Engländerin Kate Clow, die in Antalya lebt, hat ihn ausgedacht. Die Leute, die ihn schwer bepackt entlangziehen, sind Engländer, Polen und Trekker deutscher Zunge. Die einzigen Türken, die ich auf ihm treffe, sind Mitglieder eines Rettungsteams. Hoch über Tekirova warnen sie mich, allein umherzulaufen. Ein halbes Dutzend Tote hätten sie in diesem Jahr schon aus den einsamen Schluchten geholt – nach tagelanger, mühsamer Suche. In der Tat sind die wegweisenden Kreuze, die Clow und ihre uneigennützigen Helfer gemalt haben, manchmal verwirrend, manchmal plötzlich verschwunden. Dann steht man ratlos vor einem reichen Angebot an Pfaden und hat als Richtungsweiser nur noch die Sonne. Einst zogen hier nomadische Hirten über die Berge. Die wussten immer, wo es langgeht.

Kapitel 17

TAHTALI

Der verkabelte Berg

Aus der Ferne umgibt den Zacken ein Hauch von Majestät. Er überragt alle Gipfel in seiner Nachbarschaft. Und liegt doch so nahe am Meer, dass man meint, mit einem einzigen mächtigen Satz direkt von dort hineinspringen zu können. Die Augen gleiten von der blinkenden See die steilen Hänge hinauf bis zur Spitze. 2365 Höhenmeter, so eben einmal staunend hochgehuscht. Seit Tagen dreht sich meine Tour um diesen Berg.

In Ankara saß ich bei Mustafa Kemal Yalınkılıç. Er ist Generaldirektor für Naturschutz und Nationalparks im Ministerium für Forste und Umweltschutz. Er erzählte davon, wie schwierig es ist, 36 Nationalparks, 17 Naturparks, 34 Naturschutzgebiete, 102 Naturmonumente, 108 Wildschutzgebiete, 350 Jagdgebiete, 500 Feuchtgebiete und 3000 Höhlen richtig zu managen. »Wir müssten 40 000 Ranger dafür haben«, sagte er. »Das aber geht einfach über unsere Kräfte.« So bleibe dem Staat nichts anderes übrig als eine Kooperation mit privaten Investoren. 1750 Firmen seien mittlerweile in das System eingebunden; sie alle hätten strenge Regeln einzuhalten und stünden unter der Aufsicht von 1000 Regierungsbeamten. Was das Tahtalı-Projekt betreffe – nun ja, das sei wohl nicht optimal gelaufen, 1998 seien nur 15,5 Hektar beantragt und genehmigt, 2002 aber daraus plötzlich 60 Hektar geworden. »Mir wäre es lieber gewesen, wir hätten gleich das ganze Paket auf den Tisch bekommen statt einzelne Päckchen nach und nach. Aber ich bin ja erst seit 2003 im Amt. Da war es zu spät, um gegenzusteuern.

Baustelle auf dem Tahtalı: eine Seilbahn für Besuchermassen

Würden wir das Projekt jetzt stoppen, sähe alles noch viel schlimmer aus.«

Ich saß in Antalya bei Ümüt Durak, einem Vertreter des kleinen Bergsteigervereins TODOSK. Der zeigte mir Fotos von seltenen Pflanzen, die dem Projekt zum Opfer fallen würden; es seien 876 Arten insgesamt, und 23 davon endemisch. Ich notierte *Cyclamen trochopteranthum, Scilla autumnalis, Crocus wattiorum, Orchis italica-salep* und streckte beim fünften lateinischen Namen die Waffen. »Das alles wird eine riesige Müllhalde werden«, sagte Durak düster, klappte resigniert sein Fotoalbum wieder zu. »Wir haben versucht, diese Seilbahn zu verhindern. Aber welche Chancen haben wir gegen das große Geld?«

Ich saß in Antalya bei Rechtsanwalt Tuncay Koç, der im Auftrag von TODOSK und drei weiteren Vereinigungen gegen das Projekt vor Gericht zog. Er fingerte ein Urteil aus seinem dicken Aktenordner, wonach die Bauarbeiten tatsächlich gestoppt werden sollten, weil die Bauherren es versäumt hatten, die Pläne vorher öffentlich auszuhängen. »Aber glauben Sie, dass es diesen Stopp wirklich gab?«, sagte er mit vor Frust triefendem Spott. »Nein die Arbeiten gingen lustig weiter. Das ist der Unterschied zwischen Papier und Realität.« Er schimpfte auf Politiker, die sich vom Kapital korrumpieren ließen, und auf die Menschen der Region, die nur noch ans Geschäftemachen dächten und ansonsten ziemlich gedankenlos seien. »Im Namen des Tourismus«, prophezeite er finster, »machen wir hier alles kaputt.«

Ich saß bei Yusuf Üras, dem Bürgermeister von Tekirova, dessen Büro sozusagen in der direkten Falllinie vom Tahtalı zum Meer herunter liegt. »Alles Unsinn«, sagte er wie alle anderen lokalen Größen. »Dieses Projekt ist eine tolle Sache. Und es wird die nötigen Standards geben, damit die Natur eben nicht zu sehr leidet.«

Am Ende steige ich, um den Kopf freizubekommen, selber zu dem Gipfel hinauf. Ich stoße bei Beycik auf den »Lykischen Weg«, keuche nachmittags durch einen einsamen Wald, in dem kein Wind und kein Bächlein rauscht, erblicke auf etwa 1800 Meter Höhe in der Abenddämmerung wieder ein Stück freien Himmel und suche mir in einer kraterähnlichen Senke einen Lagerplatz für die Nacht. Da ich kein Zelt mit mir schleppen wollte, habe ich nur einen Schlafsack und eine dünne Isomatte dabei. Mit jeder Stunde, in der die Temperatur sinkt, friere ich ein wenig mehr. Aber ich genieße die absolute Stille, das Ausbleiben auch nur des geringsten Geräuschs, und den Blick hinauf zum Firmament, wo der Vollmond Wolkenformationen anstrahlt, die aussehen wie Treibeisschollen im Meer. »Dies ist das letzte Mal, dass du das so erlebst«, sage ich mir. »Schon in einem Jahr wird hier alles anders sein.«

Der Aufstieg zum Tahtalı am frühen Morgen ist nicht unbedingt ein Genuss. Er führt großenteils über tückisches Geröll, das den

Orientierungssinn verwirrt. Ich kann froh sein, dass ich in den ersten Stunden des Tages noch nicht von Wolken eingenebelt werde, die den Tahtalı meistens umkränzen. Mein Blick gleitet die sanft geschwungenen Hänge hinunter bis ins nächste Tal, und ich ahne, wie das hier aussehen wird, wenn die Seilbahn ihren Betrieb aufgenommen hat. Hier lassen sich nicht nur eine Aussichtsterrasse und ein Panorama-Restaurant bauen, sondern auch Skipisten – und mit ihnen wird an der Türkischen Riviera wieder ein neuer Boom einsetzen. Die Bahn wird Tausende Touristen anlocken. Im Winter werden endlich nicht mehr alle Betten leer stehen. Und der April wird zum absoluten Top-Monat werden: Oben am Tahtalı liegt noch Schnee, unten am Strand kann man schon ins Wasser springen.

Auf dem Gipfel des Tahtalı ist kaum noch ein freier Platz zum Rasten und Schauen. Hier wird geschaufelt, gebohrt und gehämmert, die Bergstation der Bahn kriegt ihre Konturen. Ich versuche darüber hinwegzusehen, denn das Panorama ist überwältigend: die Berge, die Täler, zu den Füßen das Meer. Es war wohl wirklich nur eine Frage der Zeit, bis einer auf die Idee kommen würde, dies einem großen Publikum zu verkaufen.

Tags darauf treffe ich einen Tschechen, der am Tahtalı der Türkei für immer verfiel. Es ist der Haupteigner der Firma Fajos A.S., die bei diesem Projekt die Feder führt. Eigentlich habe ich einen Herrn mit Anzug und Krawatte erwartet, einen kühl lächelnden Finanzhai mit einer schlanken, schwarzen Aktenmappe. Stattdessen springt ein Typ mit Jeans, Stiefeln und Rucksack aus einem Geländewagen. »Steigen Sie ein«, sagt Jan Jirotka, »wir schauen uns die Sache gleich mal an.« Wir rumpeln über eine schon etwas mitgenommene Asphaltstraße bis auf 726 Meter Höhe. Hier ist die Talstation, der Beginn der Bahn, und direkt vor uns wuchtet sich die Südflanke des Tahtalı in die Höhe.

»Wie sind Sie bloß zu diesem Berg gekommen?«, frage ich.

Das ist eine lange, sehr lange Geschichte. Im Stenogrammstil geschrieben geht sie etwa so: In der Tschechoslowakei, wie sie zu jener Zeit heißt, sind noch die Kommunisten an der Macht. Jirotka, von Beruf Maschinenbauingenieur, verdient sein Geld damit, eine Seilbahn im Riesengebirge zu leiten. Er sagt sich, das kann doch nicht alles sein, versucht sich illegal in den Westen zu stehlen, wird erwischt und muss eineinhalb Jahre in den Knast, wird dann nach Deutschland abgeschoben. Er gründet in Köln eine Gießerei, und weil Freunde ihm ständig von der Türkei als Urlaubsland vorschwärmen, fliegt er irgendwann einmal mit. Es ist Sommer, als er den Tahtalı zum ersten Mal sieht. Aber er hat Fantasie genug, um sich vorzustellen, was man da im Winter machen könnte.

Ein paar Monate später ist Jirotka wieder da. Er hat sich ein Paar Ski mitgenommen, die Leute an der Küste blicken etwas amüsiert. Aber der erste Wintersportgast, der sich hier blicken lässt, fuhr einst Rennen für das tschechoslowakische Team und weiß, was er will. Er fliegt mit einem Helikopter hoch und sieht, dass dort mindestens fünf Meter Schnee liegen. Er schnallt sich die Bretter an die Füße, pflügt sich seine eigene Piste, sie wird fast drei Kilometer lang und reicht bis zu den Ausläufern von Beycik. »So was gibt es auf der ganzen Welt nicht mehr«, sagt er sich. Als er unten ist, hat die Idee ihn gepackt. Und seither nie wieder losgelassen.

Wir turnen über Baustahl und Kabelstränge und ducken uns, wenn der Kran herumschwenkt. Jirotka, Jahrgang 1949, erzählt, was es heißt, einmal im Leben das ganz große Rad drehen zu wollen. Sieben Jahre Kampf um Genehmigungen, fünf Jahre Kampf um die Finanzierung, von der Baustelle weg und mit dem Flugzeug nach Zürich, wo ihm am nächsten Tag im Bankenviertel Herren genau des Typs gegenübersitzen, den ich heute früh erwartet habe. Eine Seilbahn samt Skigebiet mitten in einem Nationalpark? Wer sich so was in den Kopf setzt, muss gute Nerven haben, geschickte

Lobbyarbeit betreiben und Bürokraten an Stehvermögen übertreffen. »Ich hatte in Ankara mit vier verschiedenen Regierungen zu tun«, sagt der Tscheche mit dem deutschen Pass und der großen Liebe zur Türkei. »Irgendwann kannten sie mich schon alle in der Parlamentskantine.«

Wir steigen in den Stahlkorb der Materialbahn und schweben hinauf zur Mittelstation Es ist die Route, die von Frühjahr 2007 an täglich bis zu 2000 Menschen auf den Gipfel bringen soll. Ich fühle ein Kitzeln im Bauch, die Szenerie ist schwindelerregend schön. Jirotka erzählt, was es heißt, in einem solchen Gelände zu bauen und dennoch die strengen Auflagen zu erfüllen, um die Folgen des Eingriffs so wenig wie möglich sichtbar zu machen. Sie haben Bagger in Einzelteile zerlegt, um sie auf den Berg zu schaffen. Sie haben Esel mit Kraftstoffkanistern bepackt, um die Bagger dort oben zu betanken. Sie haben – für 130 Euro pro Minute – Hubschrauber chartern müssen, um die bis zu 65 Meter hohen Stützen zu errichten. Die Piloten, die solche Hochpräzisionseinsätze fliegen und dabei Lasten bis zu fünf Tonnen transportieren, seien wahre Teufelskerle. »Das ist«, sagt Jirotka, »wie Schumacher bei Ferrari.«

Was hier entsteht, ist die zweitlängste Luftseilbahn der Welt. Mit 4351 Metern ist sie länger als alle Seilbahnen, die es in den Alpen gibt. Der Fahrgast schwebt bis zu 300 Meter über Grund, mit zehn Metern pro Sekunde Höchstgeschwindigkeit, nach neun Minuten und einundzwanzig Sekunden ist er oben. Der Tahtalı, so heißt Jirotkas Credo, wird zu einem Triumph moderner Technik werden, gerade weil die Natur dabei nicht vor die Hunde gehe. »Wenn das fertig ist«, sagen die türkischen Arbeiter zu ihm, »wirst du der zweite Atatürk.«

Wir blicken hinab in die Ebene, wo sich mehrere Treibhäuser breitgemacht haben. »So, und jetzt schauen Sie mal die Bahn entlang«, sagt Jirotka. »Wer verschandelt hier wohl mehr die Natur?«

Ganze 600 Bäume hätten gefällt werden müssen, am Ende seien es sogar weniger gewesen als genehmigt. Aller Müll werde in Container gepackt, nichts bleibe hier in der Gegend liegen. Und wenn die Bauarbeiten fertig seien, werde auch wieder aufgeforstet. »Das ist die ökologischste Art, diesen Nationalpark den Menschen nahezubringen.«

Wir fahren wieder hinunter und steigen in sein Auto. Das Handy klingelt, es geht um ein paar hunderttausend Euro, er muss jetzt noch schnell nach Antalya zur Bank. Wir brausen die Küstenstraße entlang. Noch ein paar Monate, dann ist für Jirotka der große Moment da. Oder werden die Kläger vor Gericht in letzter Minute doch noch gewinnen?

Ich habe es aufgegeben, den Dschungel von Paragrafen zu lichten, in dem diese Auseinandersetzung ausgetragen wird. Stattdessen stelle ich mir die Kräfteverhältnisse vor. Hinter den Kritikern stehen schätzungsweise ein paar hundert Leute, hinter Jirotka Hunderttausende. Das mag man beklagen, aber es ist so. Muss der Tahtalı unberührt bleiben, weil eine Minderheit ihn so will? Oder hat eine Mehrheit das Recht, ihn auf ihre Weise in Beschlag zu nehmen? Der Tourismus stürzt nun auch die Türkei in diesen typischen Konflikt zwischen Naturschutz und Geschäft.

Jirotka hat für sich die Frage längst beantwortet. Die Tahtalı-Bahn ist sein Lebenswerk. Er hat alles, was er hatte, in dieses Projekt investiert, und jetzt muss er durch. »Wenn du so etwas machst«, sagt er, »kommt irgendwann der Punkt, an dem du nur noch nach vorn gehen kannst. Entweder du schaffst es, dann hat sich alles gelohnt. Oder du scheiterst, dann war es das eben. Aber es gibt keinen Weg zurück.«

Kemer

Es ist ein kein Zweifel, die Russen kommen. Man sieht sie, man hört sie überall. Die Reichen investieren im einstigen NATO-Frontstaat Millionen. Die Nataschas machen das große Geschäft mit dem Sex. Die kleinen Leute überfluten die Strände. In All-Inclusive-Ferienorten wie Kemer gibt es Hotels, die fast nur von Russen leben. Noch sind die Deutschen in der Türkei die stärkste Urlaubernation. Aber die Pauschalisten aus dem Osten holen auf. Und die meisten Hoteliers jammern, dass sie vom Billig-Tourismus, auf den sie sich da eingelassen haben, nun wohl überhaupt nicht mehr wegkommen.

Kapitel 18

KEMER

Der Blick nach Osten

An der Marina wird Kemer auf einmal richtig fein. Außer Deutsch und Russisch spricht man hier auch Englisch. Sportliche Typen mit blütenweißem Outfit federn in Tennisschuhen am Kai entlang. Schmucke Jachten reihen sich nebeneinander auf. Im Hafenbüro piepen die Funkgeräte.

Hasan Kaçmaz, der Direktor der Marina, hat mich zum Mittagessen eingeladen. Er kommt ganz leger im hellblauen Polohemd, die Sonnenbrille baumelt am Hals. Wir sitzen unter einem Schatten spendenden Schirm und blicken auf die sanft schaukelnden Jachten und Jollen. Und versuchen, die Dinge mal vom Wasser aus zu sehen.

Kaçmaz, Jahrgang 1957, Sohn eines Armee-Leutnants, gilt als Vater der Eastern Mediterranean Yacht Rallye (EMYR). Das ist ein Amateur-Segler-Event mit einer erstaunlichen Geschichte. 1990 waren es ganze 17 Boote, die zu einem gemeinsamen Ausflug entlang der türkischen Südküste aufbrachen. 2005 stechen 74 Jachten in See, 2006 sind es 83, viel mehr sollen nun aber nicht mehr zugelassen werden. Von allen Türken, die ich auf meiner Reise treffe, ist Kaçmaz der einzige, den Europa so gut wie gar nicht interessiert. Sein Blick ist nicht nach Westen, sondern nach Osten gerichtet. »Unsere Kultur ist eigentlich dem Levantinischen näher«, sagt er. »Syrien, Libanon, Israel – all diese Länder gehörten einmal zum Osmanischen Reich. 600 Jahre lang, vergessen Sie das nicht!«

In Europa, sagt Kaçmaz, habe es keine neue Häfen mehr zu entdecken gegeben. Im Nahen Osten aber habe echte Pionierarbeit gewartet – trotz und gerade wegen der Krisen, die dort jedes Jahr Schlagzeilen machen.

Die Segler, die an der EMYR teilnehmen, wollen sich keine Rennen liefern, sondern nur einfach gemeinsam ausschwärmen. Sie haben auch keine politischen Absichten, sagt Kaçmaz, »denn wenn Sie Gast sind, können Sie den Leuten nicht sagen, was sie zu tun haben«. Aber schon allein die Route, die sie fahren, erzeugt eine Aura von Freundschaft und Versöhnung.

Meile um Meile, Hafen für Hafen, hat sich die EMYR-Flotte allmählich nach Osten getastet. Wie vorsichtige Diplomaten, die erst mal das Terrain sondieren. In den ersten fünf Jahren kreuzten die Segler immer nur zwischen Antalya und Girne im türkischen Nordzypern. 1995 wurde eine Zubringer-Regatta von Istanbul aus vorgeschaltet, und von Nordzypern dehnte sich die Rallye auf getrennten Wegen aus: Eine Gruppe ging auf einen ersten Törn in den Libanon, eine andere ins benachbarte Israel. 1996 wurde die Route nach Mersin und Cevlik an der türkischen Mittelmeerküste ausgedehnt. Von dort ging es dann erstmals auf einer einzigen Route in Länder, die miteinander in Feindschaft lagen. Die Boote segelten zu den Arabern nach Syrien und Libanon, dann zu den Juden in Israel, dann erstmals bis nach Port Said am ägyptischen Suezkanal.

Als sie das erste Mal nach Israel kamen, schafften sie es sogar, auch auf die andere Seite zu kommen – wenn schon nicht zu Wasser, dann wenigstens zu Land. Sie setzten sich in einen Bus und fuhren in den Gaza-Steifen. Dort schüttelten sie die Hände von Palästinensern und wären gern im Jahr darauf wiedergekommen. Doch dann machte die zweite Intifada, die Welle der Selbstmordattentate, diesem Vorhaben ein Ende. »Aber wir geben die Hoffnung nicht auf«, sagt Kaçmaz. Er sagt zwar, dass EMYR nichts mit Politik zu tun habe. Aber im gleichen Moment gibt er zu, dass ihm manchmal doch die Tischtennisspiele durch den Kopf gehen, die nach

1970 ein Tauwetter zwischen den USA und China einleiteten – und als Pingpong-Diplomatie in die Geschichte eingingen.

2006 laufen die Segler insgesamt 32 Häfen an: 12 auf dem Weg von Istanbul nach Kemer, 22 von Kemer nach Port Said und von dort ins israelische Herzliya, wo die Rallye mit einem Dinner zu Ende geht. In Syrien machen sie eine Bustour nach Damaskus und Palmyra, im Libanon nach Beirut und Baalbek, in Israel ans Tote Meer und an den See Genezareth. Das sind alles in allem 55 Tage und fast 2000 Seemeilen. So was lohnt sich einfach, trotz der Arbeit, jedes Jahr. Für Kaçmaz ist es spannender als all das Reden von Europa, von dem sich – wenn die Umfrageergebnisse stimmen – zwei Drittel der Türken etwas Gutes erhoffen.

»Fühlen Sie sich überhaupt als Europäer?«, frage ich.

»Wer ist denn für Sie ein Europäer?«, fragt er zurück. »Sind es die Griechen? Sind es die Bulgaren? Nein, sage ich Ihnen, schon die sind es nicht, und die sind ja noch näher dran als wir.« Für ihn verlaufe die Trennungslinie dort, wo sich einst die römische und die orthodoxe Kirche getrennt hätten.

»Ich bin und bleibe Türke«, sagt Kaçmaz. Aber einer mit einer Multikulti-Familie, einem typischen Erbe des osmanischen Vielvölkerstaates. Seine Mutter stammte aus Albanien, die eine Großmutter aus Saloniki, die andere aus Georgien. Es ist noch nicht lange her, dass die Türken sich zur Welt hin geöffnet haben. Aber durch ihre Stammbäume sind sie eigentlich dafür prädestiniert.

Afyon

»Sie haben noch fünf Minuten, dann schließen wir«, sagt jemand und legt mir von hinten die Hand auf die Schulter. Ach ja, das hätte ich um ein Haar vergessen. Ich tippe schnell meine E-Mail zu Ende und bin der Letzte, der das Internetcafé verlässt. In Antalya habe ich den Rhythmus des Ramadan so gut wie gar nicht gespürt. Hier im Innern des Landes aber rasseln kurz vor sechs alle Ladengitter nach unten. Menschen hasten mit dicken Taschen nach Hause, die Straßen leeren, die Restaurants füllen sich. Sonnenuntergang – es darf gegessen werden. Der Fastenmonat ist ein Indikator dafür, wie stark der Islam das öffentliche Leben prägt. In der Türkei sind die Unterschiede enorm. Ob der Ramadan eingehalten wird oder nicht – dies ist eine der Linien, die das Land in ungleiche Teile trennen.

Kapitel 19

AFYON

Die Flucht in die Heimat

Bei Ihsan Soydan ist alles korrekt. Der Anzug sitzt, die Krawatte passt, der Schnurrbart ist perfekt gestutzt. Er hat ein freundliches, leicht verschmitztes Lächeln im Gesicht. Ein Geschäftsmann, der Vertrauen einflößt. Einer, der das Leben offensichtlich im Griff hat. Man kann sich nur schwer vorstellen, dass er etwas nicht korrekt macht. Als er von seiner Zeit in Deutschland erzählt, komme ich zu dem Schluss, dass er auch ein musterhafter Gastarbeiter war.

Es muss damals, in den sechziger Jahren, eine richtige Goldgräberstimmung geherrscht haben, hier in Afyon wie auch sonstwo auf dem weiten türkischen Land. Viele junge Leute hatten nichts anderes im Kopf, als in dieses Märchenland nach Europa aufzubrechen, wo Männer gesucht wurden, die zupacken konnten, und Löhne gezahlt wurden, von denen sie hier in Anatolien nicht einmal träumten. Der junge Ihsan, Jahrgang 1946, hatte zudem in der Schule immer gute Deutschnoten gehabt. »Fleißig, fleißig«, sagten die Lehrer, »wenn es nur in den anderen Fächern auch so wäre ...«

Der junge Türke hatte Schweißer gelernt, arbeitete zunächst zwei Jahre im Schiffbau, danach musste er zwei Jahre zum Militär. Er war nun schon 23 und sah, dass von seinen Freunden einer nach dem anderen die Koffer packte. »Bitte, Vater, bitte, Mutter, lasst mich weg!«, bettelte er seine Eltern an. »Ich kann doch sogar Deutsch schreiben und lesen.« Die Eltern schüttelten lange Zeit die Köpfe, sie hatten einfach Angst um ihren Sohn. Aber schließlich, es war das Jahr 1970, gaben sie seinem Drängen doch nach. Er fuhr drei

Tage im Bus von Istanbul nach München. Und wollte es seinen Eltern beweisen, dass er in der Fremde nicht vor die Hunde gehen würde.

Soydan zog in ein Wohnheim, in dem auch Italiener, Griechen und Spanier, vor allem aber viele Türken lebten. Für MAN schweißte er Eisenbahnwaggons zusammen, von morgens um sechs bis mittags um halb drei, immer im Akkord, das waren schon mal 700 Mark im Monat.

Gut zwei Jahre später warb ihn sein Freund Mehmet Şen ab, den er schon von der Berufsschule her kannte. Der holte ihn zum Aufzughersteller Otis nach Berlin; dort hatte er mit Radialbohrern zu tun, es gab eine Früh- und eine Spätschicht, ihm war alles recht, wenn nur die Kasse stimmte. Nun verdiente er schon glatt das Doppelte, 1400 Mark im Monat, und als er 1972 in Afyon heiratete, war er schon eine richtig gute Partie. Die Frau kam mit nach Berlin, drei seiner vier Kinder wurden im Stadtteil Wedding geboren.

Vier Jahre später machte er nochmal einen richtigen Schnitt. Er ging zum Berliner Produktionswerk von Daimler-Benz. Dort hantierte er mit Bohrmaschinen und Dieseleinspritzpumpen, es wurde in drei Schichten rund um die Uhr gearbeitet, und ihm war es am liebsten, wenn er die Nacht durchmachen konnte, denn das brachte die höchsten Stundensätze. Jeden Monat waren es nun 2500 Mark, und Soydan schickte davon regelmäßig 200 bis 300 Mark in die Heimat.

»Ich bin gern mal einen trinken gegangen, ich war auch beim Kartenspielen dabei«, sagt er. »Aber mein Geld habe ich immer zusammengehalten. Es gab viele Türken in meiner Umgebung, die haben ihr ganzes Gehalt verspielt oder vertrunken, sei es allein, sei es mit Frauen.« Es liefen zu der Zeit auch schon Betrüger herum, die sich als fromme Muslime ausgaben und den Türken ihr Geld für angebliche Wohlfahrtsprojekte im Geist des Islam abluchsten. »Ich habe aber keinem von denen geglaubt«, sagt Soydan. »Ich habe immer schön gespart.«

Doch je mehr Jahre in Deutschland vergingen, umso mehr spürte Soydan, dass eine wichtige Entscheidung auf ihn zukam. Die drei Mädchen wuchsen heran, und als Vater konnte er sich ausrechnen, wann die erste von ihnen in die Disco wollte, das Kopftuch abnähme und weiß der Himmel wem in die Hände fallen würde. Die Zeit war gekommen, da er handeln musste. Er wusste noch immer, wo er hingehörte, und so sollte es auch mit der Familie sein. 1985 ging das Kapitel Deutschland zu Ende. Über die konkreten Gründe, die ihn dazu trieben, sagt er zu mir kein einziges Wort. Will er nicht unhöflich sein gegenüber meinem Land? Oder ist es einfach zu privat, um es gegenüber anderen auszuplaudern? Es ist sein Schwiegersohn Atilla Cetinbaş, der mir später erzählt, welche Motive ihn damals bewegten.

Soydan steckte sein Geld in ein Hotel, das er aus dem Besitz der Stadt Afyon erwarb. Er kaufte 1992 ein zweites Hotel, renovierte es und war sein eigener Architekt. Dann stieg er zusammen mit dem Schwiegersohn ins Touristengeschäft im 20 Kilometer entfernten Gazlıgöl ein, wo der Boden voll von heißen Quellen ist. Nun kommen Leute mit Rheuma, Nieren- und Gallensteinen und schwören auf die Heilkraft dieses Wassers.

Nein, er hat wohl alles richtig gemacht. Ohne Deutschland wäre das alles nicht gegangen. Aber irgendwann spürte er, dass er Türke war und bleiben wollte. »Er wollte seine Familie schützen«, sagt der Schwiegersohn. Und hat sich damit die Konflikte erspart, unter denen so viele Türken in Deutschland heute leiden.

Sandıklı

Was stöbert dieser Mensch im Rathaus herum? Was hat er in seinen Rucksack gepackt? Ich spüre die leichte Unruhe, die ich verbreite. Kaum ein Fremder steigt in diesem Städtchen ab, das tief drinnen im westanatolischen Binnenland liegt. Ein freundlicher junger Mann, der mal in den USA gelebt hat und im Internet-Business tätig ist, hilft mir Kontakte zu machen. Irgendwann nehmen die Rathausleute ihn kurz zur Seite. Und fragen besorgt: »Der wird doch nicht etwa das Christentum verbreiten wollen?«

Kapitel 20

MENTEŞ
Das sterbende Dorf

Menteş ist ein verlorener Ort. Schon in Sandıklı, ganze 15 Kilometer entfernt, kennt kaum jemand diesen Namen. Busverbindungen gibt es nicht, der einzige *dolmuş* fährt erst dann, wenn der Markt zu Ende ist. Wir finden zum Glück eine gute Seele. Ein Freund meines Dolmetschers, der ein Auto besitzt, will uns dorthin fahren. Aber auch er war noch nie in Menteş. »Was wollen Sie dort bloß?«, fragt er und schüttelt den Kopf. Wir suchen vereint nach dem Weg – irgendwo soll es eine Abzweigung geben. Ein total verrostetes Schild taucht auf, wir müssen es buchstabenweise entziffern. In der Tat, wir haben die Straße gefunden.
Menteş liegt am Ausgang eines Tales hingestreckt, hinter ihm ragen Berge mit lockeren Baumbeständen auf. Ich steige zunächst mal auf einen Hang, um mir einen besseren Überblick zu verschaffen. Der Ort unter mir wirkt keineswegs verarmt, er hat eine ausgesprochen reizvolle Lage, in Deutschland würde er sich wahrscheinlich »Luftkurort« nennen. Aber Menteş ist so gut wie verloren. Dass sich niemand darüber aufregt, kommt daher, dass es in der Türkei Tausende Dörfer mit dem gleichen Schicksal gibt.

Es ist morgens halb elf, aber frostig kalt, die Straßen sind leer. Keine Autos, keine Hunde, keine spielenden Kinder. Wir suchen das Teehaus, das ist der einzige Platz, wo immer Leute anzutreffen sind. Wir öffnen eine knarrende Tür und betreten einen knarrenden Holzboden. Ein Ofen ohne Feuer, ein ausgeleiertes Sofa, an der Wand Bilder von Schweizer Holzhäusern, schneebedeckten Bergen und glücklichen Kühen, Heidi reitet auf einem Esel. Auf den Stühlen sitzen ein paar Alte, die uns verwundert anstarren. Die Tische sind leer, die Gläser sind leer, es sind die letzten Tage des Ramadan, sie dürfen nichts trinken bis zum Sonnenuntergang. So hängen sie hier herum, ausgeliefert den ereignislosen Stunden, und ihre Gesichter sind ebenfalls leer.

Nun aber kommt auf einmal Leben in die Runde und in die Mienen der Alten. Ich frage sie, wie das damals anfing, was zum langsamen Sterben des Dorfes führte. Mehmet Bozkurt, sagen sie, war 1963 der Erste, der nach Deutschland ging; er ist aber inzwischen nicht mehr am Leben. Ibrahim Çankaya, Jahrgang 1932, war der Zweite, und wie der Zufall es will, sitzt er mitten unter uns. Er ist hier geboren, aber nie zur Schule gegangen; die Eltern schickten ihre Kinder damals kaum noch hin, denn »die Lehrerin schor den Schülern die Haare und prügelte sie mit Holzknüppeln, sie war offenbar völlig überfordert«. So hätten die Kinder das Dorf in zwei rivalisierende Teile geteilt, um miteinander kämpfen zu können. »Später haben wir die Bäume gefällt, auch wenn es verboten war«, sagt er. »Was wussten wir schon von Gesetzen? Wir hatten einfach nichts anderes, um zu Geld zu kommen.« So sei ihm der Abschied nicht schwergefallen, damals, 1964. Er ging nach Ludwigsburg, arbeitete zwölf Jahre auf dem Bau, bis ihn ein schwerer Autounfall außer Gefecht setzte. Fünf Monate Krankenhaus, sechs Operationen, das sei es dann gewesen. Nun verdämmert er hier seine letzten Jahre.

Als Ibrahim gegangen war, brachen in Menteş offenbar alle Dämme. Drei Monate später folgte ihm eine Gruppe von sieben, ein halbes Jahr später eine Gruppe von sechs jüngeren Leuten. In diesem Rhythmus ging es jahrelang weiter. Ein paar gingen als Gastarbeiter nach Frankreich, die meisten aber nach Deutschland, die einen legal, die anderen mit einem Besuchervisum. Mit einem Male merke ich, dass alle, die hier im Teehaus sitzen, in ihren jungen

Jahren das Dorf verlassen haben. Uğur Halil meldet sich und sagt, er sei 25 Jahre in Reutlingen gewesen. Hasan Özpınar war 18 Jahre in Waiblingen, Mehmet Çanak elf Jahre in Schwäbisch-Hall und im Stuttgarter Raum. Einer zog sozusagen den anderen nach, und würde man auf einer Landkarte ihre Wohnorte in Deutschland markieren, so sähe es aus wie ein einziges Nest, das sich über Baden-Württemberg breitet – die »Menteş-Connection«, um es neudeutsch zu sagen, das türkische Netzwerk, wie es fern das Heimat funktionierte.

»Ja, die Jungen sind alle weg«, sagen die Männer im Teehaus. »Menteş hat keine Jobs für sie. Der Boden hier ist nicht gut. Es gibt nicht genügend Wasser. Leute mit Geld investieren nicht hier, sondern nur in den großen Städten. Die einzigen, die zurückkommen, sind die Alten. Sie kommen, weil sie in der Heimat sterben wollen.«

Die Tür geht auf, und Tekin Ural kommt herein. Er hat von dem ungewöhnlichen Besuch gehört; es ist ja wohl das erste Mal, dass sich jemand ernsthaft für Menteş interessiert. Sein Vater gehörte zu denen, die 1964 gingen. Ural, Jahrgang 1970, war der Jüngste von drei Söhnen. Er verbrachte seine Kindheit und Jugend in Reutlingen, daher spricht er noch immer ausgezeichnet Deutsch. Der Vater starb bei einem Verkehrsunfall in Frankreich, so ging er 1990 wieder in die Türkei zurück. Er arbeitete als Mechaniker am Flughafen von Side und eine Zeit lang als Reiseleiter, nebenbei bestellte er bei Menteş die elterlichen Hafer- und Weizenfelder. Seit zwei Jahren weiß er, dass seine Mutter Leberkrebs hat, so kam er in seinen Geburtsort zurück, um sie bis zum Tode zu pflegen. Wenn es vorbei ist, sagt er, werde er mit den Kindern wohl nach Antalya gehen.

»Hier musst du 30 bis 35 Meter bohren, bis du auf Grundwasser stößt«, sagt er. »Wenn es ein Bewässerungssystem gäbe, könnte man Kartoffeln und Zuckerrüben anbauen. Dann würde sich die Landwirtschaft vielleicht rentieren. Aber so? Keine Chance! Viele haben schon über Verbesserungen geredet. Aber keiner hat etwas getan.«

Wir brechen auf zu einem Rundgang durch das Dorf. Und sehen Dinge, die überhaupt nicht zusammenpassen. Ein dreistöckiges, grün verputztes Haus überragt alle Gebäude in der Nachbarschaft um das Doppelte. »Es wurde vor vier Jahren errichtet«, sagt Ural. »Seither steht es fast das ganze Jahr über leer. Der Besitzer benutzt es für vier bis sechs Wochen, wenn er im Urlaub nach Menteş kommt.« Es ist einer der Auswanderer, die in Reutlingen leben. Wir sehen, dass von den Fensterrahmen schon die Farbe abblättert.

»Mit jedem Jahr verliert dieses Haus an Wert«, meint Ural. »Es ist schlicht und einfach rausgeschmissenes Geld.«

Vor dem Eingang rostet ein BMW 318. »Steht seit vier Jahren hier«, sagt Ural. »Wird nur benutzt, wenn die Leute zu Besuch kommen.«

Dieser seltsame Bau ist nicht der einzige seiner Art in Menteş. Wir kommen an mindestens 15 vorbei. Ihre Formen kopieren den Stil, der Neubausiedlungen in Reutlingen und Waiblingen prägt. Sie sind Fremdkörper, funktionslose Monumente, obwohl sie meist in Grün, der Farbe des Islam, gestrichen sind. Vielleicht wurden sie gebaut in der Hoffnung, dass eines Tages die Kinder darin leben werden. Oder sind sie gedacht als Alterssitz?

Ural zuckt die Schultern. »Du steckst nicht drin in diesen Leuten. Sehen Sie diese Neubauruine? Da hat einer angefangen zu bauen und auf halber Strecke aufgehört. Und sehen Sie dort diesen riesigen Kasten! Marmor, in mehreren Farben! Das ist einer, der ist schon 35 Jahre drüben. Er will nur zeigen, was er für ein toller Hecht ist. Glauben Sie mir, wenn der im Urlaub bei uns ins Teehaus kommt, sagt keiner mehr ›Hallo‹.«

Mein Begleiter führt mich in die Dorfschule, die Lehrer freuen sich über den Besuch. Er führt mich in die Moschee, die mit viel Liebe restauriert wurde und in frischen Farben glänzt. »Beide Gebäude haben wir durch Eigenarbeit wieder auf Vordermann gebracht«, sagt Ural. Ich spüre, da gibt es noch ein paar Leute, die sich aufbäumen gegen den Untergang. Sie blicken auf ihre blitzende Moschee und sagen sich, vielleicht ist doch noch nicht alles verloren.

Dann aber zieht uns der Alltag doch wieder nach unten. Wir kommen an einem ärmlichen Verschlag vorbei. »Der Mann, der darin lebt, ist 46 Jahre alt«, sagt Ural. »Er hat ein Motorrad und eine Kettensäge, das ist sein ganzer Besitz. Tag für Tag fährt er von Dorf zu Dorf, in der Hoffnung, dass es irgendwo was zum Sägen gibt. Ja, so ist das hier mit der Arbeit.«

Wir gehen ins Rathaus. Im Erdgeschoss stehen Zimmertüren offen, aber niemand ist da. Im Obergeschoss sehen wir den leeren Schreibtisch des Bürgermeisters, darüber das obligatorische Atatürk-Porträt. Einsam hallen unsere Schritte durch den Flur. Ganz hinten rechts finden wir dann doch eine Amtsperson, den Schreiber Mehmet Ünal. Es ist ein junger Mann mit wachen Augen, der den Niedergang des Dorfes protokolliert. 250 Familien, sagt er, seien nach Deutschland ausgewandert, 60 bis 70 Familien nach Denizli und Pamukkale. 2000 Einwohner sei das Minimum, damit eine Gemeinde selbständig bleiben kann, Menteş aber sei nun schon bei 1330 angelangt. Wenn dieser Trend sich nicht umkehre, werde das Rathaus 2009 geschlossen. »Das ist dann der endgültige Todesstoß«, sagt Ural. »Was soll dann aus der schönen Moschee werden?«

»Meinen Sie, das wird sich ändern, wenn die Türkei EU-Mitglied ist?«, frage ich den Schreiber.

»Schön wär's«, ist seine Antwort. »Aber die Europäische Union wird daran auch nichts ändern.«

Vor zwei Generationen zog der Wirtschaftsboom die Türken nach Europa. Heute zieht er sie an die Küsten, ans Schwarze Meer im Norden, an die Ägäis im Westen, ans Mittelmeer im Süden. Im Innern aber leert sich das Land. Ankara, die zentralistische Hauptstadt, hat diesen Prozess nicht stoppen können. Es ist, als würden die Türken von Zentrifugalkräften regiert.

Selçuk

Cellat Ovası, »Henkersebene«, hieß diese sumpfige, malariaverseuchte Gegend noch vor hundert Jahren. Nur Ruinen erinnerten an die ruhmreiche antike Stadt Ephesus. Nach deren Untergang im 7. Jahrhundert zogen sich griechische Bewohner 400 Meter höher in die Berge zurück, wo sie Weinstöcke und Feigenbäume pflanzten. Nach dem Zweiten Weltkrieg aber wurde die Ebene trockengelegt. Und Ephesus wurde wieder ein Platz, an dem sich Menschen aus aller Herren Länder treffen.

Kapitel 21

ŞIRINCE

Der Bauherr im Bau

Auch Şirince wäre verloren gewesen. Der Tabakanbau brachte nicht genug, das Leben war hart, das Dorf abgelegen. Von der Traumlage in den Bergen, die heute Besucher fasziniert, konnten die Menschen vor einem halben Jahrhundert nicht leben. Immer mehr Familien zogen daher hinab nach Selçuk in die Küstenebene. Die schmucken alten Häuser mit roten Dachziegeln, mit einer strengen Ordnung gleich hoher Fenster, mit Stuckbordüren und Erkern aus Kastanienholz verfielen. Oft rissen die Besitzer ganze Bauelemente heraus, weil sie ihnen veraltet erschienen. Sie ersetzten Marmorfußböden durch neumodische Fliesen und Holz- durch Eisentüren. Oder holzten die alten Olivenbäume ab. Sie hatten keine Beziehung zur Geschichte dieses Dorfes. Woher sollten sie die auch haben?

Şirince, auf Griechisch Kirkinje, war von einer ethnischen Säuberung betroffen, die 1923 mit der Republikgründung einherging. Eine Million Griechen, die im Westen Anatoliens lebten, mussten damals die Türkei verlassen, eine halbe Million Türken im Gegenzug das griechische Staatsgebiet – ein organisierter Bevölkerungsaustausch, der jahrzehntelange Feindseligkeiten zwischen den beiden Völkern beenden sollte. So kamen 4000 türkische Umsiedler aus Mazedonien in dieses Dorf, das jahrhundertelang griechisch gewesen war. Sie hatten eine andere Art, Häuser zu bauen. Und sie hatten eine andere Religion, weswegen die zwei griechisch-orthodoxen Kirchen, St. Demetrios und St. Johannes der Täufer, fortan ungenutzt in der Gegend standen und zusehends verfielen.

Als das Dorf kaum noch 600 Einwohner hatte, setzte jedoch eine neue Entwicklung ein. Es war ein ähnliches Phänomen wie in der Toskana, im Tessin und in der Provence. Während die Bauern auf der Suche nach einem besseren Leben in die Städte zogen, entdeckten gebildete Städter auf der Suche nach einem anderen Leben die dahindämmernden Dörfer, Sie kauften Grundstücke und Gebäude für einen Apfel und ein Ei und beschlossen, das Alte neu erstehen zu lassen. So begann eine andere Art von Bevölkerungstausch, nunmehr mit einer kulturellen Komponente. Durch ihn erlebten viele Dörfer eine Art Wiedergeburt. Allerdings waren die Neu-Dörfler, die das Großstadtleben satt hatten, keine Bauern mehr, sondern Architekten, Maler, Universitätsprofessoren.

Auch Şirince fand eines Tages ganz neue Fans. Sie hießen Sevan und Müjde Nişanyan und kamen aus Istanbul, das in rasendem Tempo zu einer Megastadt heranwuchs. Sie waren begeistert von der idyllischen Lage und konnten es nicht fassen, dass die hübschen alten Häuser verkamen. Şirince hatte zu jener Zeit fünf Teehäuser, zwei Friseure, einen Schmied, einen Krämerladen und noch keinen elektrischen Strom.

Müjde, Jahrgang 1962, aufgewachsen im Schweizer Kanton Aargau, kam als Reiseführerin zum ersten Mal hier hoch. Vielleicht suchte sie instinktiv einen Platz, wo sie ihrem Leben eine neue Richtung geben konnte. In ihrer Jugend hatte sie selbst erlebt, dass ihre eigene Familie aus einem alten, gemütlichen Haus, »wo es noch geheime Winkel gab«, in eine funktionell geschnittene Etagenwohnung umzog. Sie sah, wie unten an der Küste die Zersiedelung begann. Sie sah, wie die Leute in Şirince ihre Wohnungen modernisierten: »Aluminium, Backsteine, Neonröhren – das waren die Dinge, die zählten.«

Sie kaufte 1985 von zwölf Erben einen Stall, der in der Mitte des Dorfes lag. Fing an, die alte Technik zu studieren, mit der das Ge-

Gefängnis und doch gewonnen: Gästehaus-Manager Sevan Nişanyan

bälk eingebaut worden war. Probierte in Modellrahmen die richtigen Mischungen aus Kalk, Sand und Stroh aus, die zwischen die Träger geschmiert werden mussten. »Hier hatte ich«, sagt sie, »ein wunderschönes Labor.«

Sie lernte Sevan, Jahrgang 1956, kennen, einen umtriebigen Intellektuellen armenischer Abstammung, der – wie er freimütig bekennt – »ein geborener *trouble maker*« ist. Er studierte Philosophie und Politologie an den amerikanischen Renommier-Universitäten von Yale und Columbia, startete dann eine Computerfirma in Istanbul, schrieb eine Reihe von Reiseführern, darunter einen über die schönsten kleinen Hotels in der Türkei, der bald zu einem Bestseller wurde. Als er Şirince sah, wusste er, dass auch ihn das Dorf nicht mehr loslassen würde.

Die Nişanyans hatten etwas von der Welt gesehen. Sie erkannten, dass es eine Spezies von Touristen gab, die nicht den üblichen Rummel am Strand suchte. Die bereit und in der Lage waren, für das alternative Ambiente auch entsprechend zu zahlen. »Die Dörfler boten damals Zimmer für zehn Dollar an«, sagt Sevan. »Wir aber wollten Zimmer für hundert Dollar anbieten.« Die Leute von Şirince lachten sie aus und fragten: »Wie wollt ihr denn solche Leute finden?« Also gab es nur eines: »Wir mussten es ihnen zeigen.«

Im Jahr 1998 begann er, die ersten drei Häuser zu restaurieren. Zwar wusste er, dass Şirince schon seit 1984 unter Denkmalschutz stand. Aber es gab noch immer keine Bauordnung mit detaillierten Vorschriften, was man tun durfte und was nicht. Also scherte er sich nicht weiter darum, denn hätte er auf die Verordnung gewartet, wären die Häuser wohl nie gerettet worden. Er richtete noch ein Haus als Wohnung und eines als Hotel her. Dann entwickelte sich die Geschichte zu einer Posse, die Şirince in die Schlagzeilen brachte.

Der Museumdirektor von Ephesus, Selahettin Erdemgil, brachte ein Verfahren wegen Verstoßes gegen den Denkmalschutz in Gang. An dessen Ende stand der Gerichtsbeschluss, alle fünf Häuser abzureißen und Nişanyan für elf Monate ins Gefängnis zu schicken. Der Armenier nahm seinen Laptop mit in die Zelle, der Justizminister hatte dafür die Erlaubnis erteilt. »Ich hatte schon lange vor, ein etymologisches Wörterbuch der türkischen Sprache zu schreiben«, sagt er. »Jetzt hatte ich endlich die Zeit, und zudem wurde ich vom Staat verpflegt.« In seinem Vorwort dankte er »den kleinen Provinzbürokraten«, dass sie ihm die Gelegenheit verschafft hätten, in Ruhe dieses Buch zu schreiben. Fernsehen und Zeitungen in Istanbul hatten ein gefundenes Fressen: ein Mann, der alte Häuser retten will, als Opfer sturer Behörden, und dieser Mann war auch noch Armenier. »Ich war wahrscheinlich der berühmteste Armenier im Land«, sagt er.

Das Trommelfeuer der Presse tat seine Wirkung. Die Häuser blieben stehen, und als Nişanyan aus dem Knast herauskam, wurde er zum größten Unternehmer des Dorfes. Die Einheimischen lachten nicht mehr, stattdessen sprangen sie nun alle auf den Zug, der da Tourismus hieß. Heute gibt es in dem kleinen Şirince 16 Hotels und Pensionen. 400 000 Besucher kommen jedes Jahr, die Busse schieben sich von morgens bis abends durch die engen Gassen zum Parkplatz, der am Dorfende angelegt wurde. Es gibt Souvenirs zu kaufen, dazu Wein und Olivenöl und Stickereien. Und die Grundstückspreise sind um das Zehnfache gestiegen. So ist das verlotterte Şirince zu einem echten Hit geworden. Die Nişanyans, die das alles auslösten, haben recht gehabt mit ihrer Strategie. Aber natürlich ist Şirince nun nicht mehr das Dorf, dem sie einmal verfielen. »Wenn du dich mit dem Tourismus einlässt«, sagt Sevan, »kannst du die Entwicklung nicht mehr kontrollieren.«

So ziehen sie sich in die Mini-Dorfwelt zurück, die sie sich selber aufbauten. Sie haben ein herrliches kleines, stilvolles Hotel, das Schmuckstück von Şirince. Sie besitzen vier weitere Gästehäuser. Sie bauen eine Art Öko-Gartensiedlung, natürlich wieder ohne Genehmigung, denn die Bauordnung gibt es immer noch nicht. An einem Hang hoch über den Bussen gelegen, entstehen schlichte Gästehütten ohne Strom. Das ist Şirince, wie sie es haben wollten. Und wehe, jemand würde es wagen, ihnen das wegzunehmen.

Izmir

Wer neu zur Tür hereinkommt, hat erst mal zu warten, wenn drinnen sich Leute im Gespräch befinden. Habe ich in meiner Kinderstube gelernt. In türkischen Amtsstuben muss ich umdenken. Wer hereinkommt, hat grundsätzlich Priorität. Türken lieben es, sich unterbrechen zu lassen, es unterstreicht die Bedeutung der aufgesuchten Person. Wenn es nicht genügend Besucher gibt, die neu hereinschneien, ist immer noch das Telefon da. Weil das Festnetz aber die ständige Erreichbarkeit nicht garantiert, liegt auch noch das Handy daneben. Es darf auf keinen Fall abgeschaltet werden. Besucher, Festnetz- und Mobiltelefon können sich also auch gegenseitig unterbrechen. So wird vermieden, was am schwersten zu ertragen ist: lang anhaltende Stille.

Kemer: Der Jachthafen ist die Perle des Touristenortes an der Südküste.
Dahinter steigen die Berge des westlichen Taurus auf.

Menteş: Die Landschaft Westanatoliens ist in großen Teilen menschenleer geworden. Hunderttausende haben ihre Dörfer verlassen.

Menteş: Alte Männer im Teehaus. Im Fastenmonat Ramadan gibt es bis zum Sonnenuntergang nichts zu trinken.

Menteş: Frauen backen Brot in einer Gemeinschaftsbäckerei. Meist aber leidet der Zusammenhalt der Menschen durch die massive Abwanderung.

Menteş: Trotz seiner schönen Lage ein sterbendes Dorf. Wegen der schrumpfenden Einwohnerzahl soll 2009 das Rathaus geschlossen werden.

Istanbul: »Welch ein Glück, Türke zu sein!« Schulkinder im Stadtteil Tarlabaşı scharen sich mit Hausmeister Nuri Demir um eine Atatürk-Statue.

Istanbul: Hüsamettin Koçan leitet die Fakultät der Schönen Künste an der Marmaris-Universität. In seinem Heimatdorf baut er ein Museum auf.

Istanbul: Theologie-Studentinnen der Marmara-Universität verstecken ihre Kopftücher unter Mützen – so unterlaufen sie das staatliche Verbot.

Ankara: Am »Tag der Republik« blüht das Geschäft mit der Flagge. Die nationalen Empfindlichkeiten sind sehr groß.

Kapitel 22

IZMIR

Das Hören und das Fühlen

»Dies ist eine *çiğirtma*«, sagt Güner Özkan. »Sie wird aus dem Flügelknochen des Adlers hergestellt. Früher haben die Hirten darauf gespielt. Heute gibt es nur noch wenige, die dieses Instrument beherrschen. Ich habe es von einer Almweide mitgenommen.« Die Flöte ist knapp 30 Zentimeter lang und hat sieben Luftlöcher. Özkan spielt eine Melodie darauf, melancholisch wehen die Töne durch den Raum, verbreiten einen Hauch von anatolischer Weite.

»Dies ist eine *rebab*«, sagt der Mann und schleppt ein neues Instrument herbei. »Ich habe sie eigenhändig gebaut.« Es ist eine Streichlaute, wie sie in der türkischen Kunstmusik verwendet wird. In ihr mischen sich islamisch-arabische, christlich-orientalische, neupersische und jüdische Elemente.

»Dies ist eine *kaval*«, sagt Özkan und legt eine weitere Flöte auf den Tisch. »Ein typisches Instrument der türkischen Volksmusik.« Länge 30 bis 80 Zentimeter, kein Mundstück, acht Luftlöcher auf der Ober-, vier auf der Unterseite. Der Mann gleitet mit den Fingern zärtlich über das Holz und erzählt eine Legende, die sich mit der *kaval* verbindet. Ein armer Schäfer verliebte sich in eine Tochter aus reichem Haus. Sie wollte ihn gern heiraten, aber ihr Vater war dagegen. Als die beiden ihn immer eindringlicher bestürmten, ließ er sich darauf ein, dem Schäfer eine Chance zu geben. Er musste seine Herde eine Woche lang nur mit Salz füttern und danach durch einen Fluss führen, ohne dass auch nur ein einziges Schaf daraus trank. All seine Befehle durfte der Hirte nur mit der *kaval* geben. Der Schäfer schaffte es, alle weißen Schafe ungetränkt ans andere Ufer zu bringen. Nur ein Muttertier mit schwarzem Fell blieb traurig in der Flussmitte stehen, sie suchte ihr Junges, das aber schon verdurstet war. Der Hirte teilte ihre Trauer, indem er auf seiner Flöte eine wehmütige Melodie spielte. Da gab sich das Mutterschaf einen Ruck, ging ebenfalls rüber – und machte auf diese Weise zwei junge Menschen glücklich. Özkan bläst mir die »Melodie des schwarzen Schafes«.

Im Kulturhaus des Stadtteils Balçova, am Südrand der Bucht von Izmir gelegen, sind Glasvitrinen mit nahezu 200 türkischen Instrumenten vollgestopft. Özkan, Jahrgang 1942, eilt von einer zur anderen, um die schönsten Stücke seiner Kollektion zu präsentieren.

»Eines Tages will ich ein richtiges Museum daraus machen«, sagt er. »Ich brauche nur noch den Platz und das nötige Geld.«

Er holt eine *saz* unter seinen Schätzen hervor, eine Langhalslaute mit Bünden, das populärste türkische Saiteninstrument. Er zeigt mir eine *tar* aus Aserbaidschan, eine *rebab* aus Usbekisten, eine *kunus* aus Kirgisistan: Es ist ein musikalischer Streifzug durch die innerasiatischen Steppen, aus denen einst das Reitervolk der Türken nach Westen aufbrach. Dann zieht er eine *ney* aus einer Vitrine, eine lange Bambusflöte, zu deren Melodie die Derwische tanzen. Sie ist in neun Abschnitte geteilt.

»Die Neun war eine mystische Zahl für die alten Schamanen«, sagt er. »Musik hat viel mit Mystik zu tun.«

Weil wir gerade bei diesem Thema sind, unternimmt er einen kleinen Exkurs über mystische Zahlen im Islam. Die Eins stehe für Allah, die Drei für Allah, den Propheten Mohammed und dessen ermordeten Vetter Ali, der sich zum Nachfolger ausgerufen hatte, die Sieben für die aufeinander folgenden Meditationsstadien der Mystiker, die Vierzig für das Alter, in dem Mohammed die göttliche Offenbarung zuteil wurde. Ich lausche und staune und könnte ewig so zuhören.

Özkan ist Direktor des staatlichen Ensembles für klassische türkische Musik in Izmir. Eine ehrenwerte, geachtete Position, er könnte es eigentlich ruhig angehen lassen, schließlich ist er schon 63 und damit bald reif für die Pensionierung. Was aber tut er stattdessen? Stürmt hier mit seinen Instrumenten durch den Flur. Setzt sich hin und scribbelt für mich Skizzen über die Anfänge der Musik, vom schwirrenden Pfeil und dem Bogen, über den die ersten Saiten gespannt worden seien. Er ruft im Fernsehen dazu auf, ihm alte, nicht mehr benutzte Streich-, Blas- und Schlaginstrumente zu bringen. Er sitzt zu Hause in seiner Werkstatt und baut eine Lyra, eine Kithara, ein Kymbalon nach, so wie sie auf alten griechischen Skulpturen dargestellt sind. »Wie war diese alte Musik?«, will er wissen und spielend einen Weg dorthin finden. »Wir können diese Musik mit unseren Herzen fühlen.«

Nein, der Direktortitel ist ihm völlig egal, er pfeift auf den dunklen Anzug, in dem er eigentlich herumlaufen müsste. »Was soll ich mit einer Krawatte?«, sagt er. »Ich bin glücklich mit meinen Instrumenten.« Es geht ihm nur um die Musik, um die Gefühle, die sie ausdrücken kann, um die Menschen, die sie erfunden haben und in ihr aufleben können wie auf keinem anderen Gebiet der Kunst. »Ja, wir haben Gefühle«, sagt er. »Wir müssen die Musik nicht nur hören, sondern fühlen.«

Wir gehen hinaus zu seinem Auto, um in sein Büro zu fahren. Er öffnet den Kofferraum, der quillt schon fast über von Instrumenten, und trotzdem schaffte er es, noch zwei neue dazuzupacken. Nein, hier im Kulturhaus seien alle Vitrinen schon voll, Neuerwerbungen muss er jetzt woanders lagern. »Das ganze Leben ist Musik«, sagt er und setzt sich ans Steuer. Und schwärmt, während wir uns ins Verkehrsgewühl stürzen. »Bäume, Insekten, Wasser – alles Musik. Das menschliche Herz – alles Musik. Wenn die Musik die stärkste Macht wäre – alle Kriege wären zu Ende. Wer sich dafür wirklich interessiert, der kann einfach nicht mehr töten. Er hat zu viel Schönheit erlebt.«

Er fährt so schwungvoll, als dirigiere er Beethovens Fünfte und der Rhythmus übertrage sich auf das Lenkrad. »Ich bin jetzt 63 und fühle mich wie 35«, sagt er fröhlich – ich kann ihm beim besten Willen nicht widersprechen. »Das Leben ist so kurz, es gibt so viele Dinge zu tun. Ich renne und renne – und habe trotzdem das Gefühl, dass die Zeit nicht reicht.«

Er steuert ins Zentrum von Izmir, durch immer enger werdende Straßen, schließlich stoppt er an einem Gebäude, das früher als Basar diente. Hier oben, sagt er, liege sein Büro, in diesem Haus fänden auch die Chor- und Orchesterproben statt. Wir jagen die Treppen hoch, ich mit Tonband und Notizblock, er mit Instrumenten. Im Büro sitzt Chamsigul Jakupowa, eine 37-jährige Kasachin aus Semipalatinsk, die hier studiert, gerade ihre Doktorarbeit schreibt und offenbar in seinen Bann geraten ist. Sie hat eine *dombra*, ein zweisaitiges Zupfinstrument, auf dem Schoß und sagt, damit könne man alles spielen, sogar Mozart. Sie greift in die Saiten, der Raum füllt sich mit Menschen, der Orchesterdirigent hat ein Problem, eine Sekretärin kommt mit mehreren Mappen, die anderen kann ich nicht identifizieren. Es gibt Tee für alle, das Telefon beginnt zu klingeln und das Handy daneben zur selben Zeit. Dabei hat Özkan gerade eine neue Skizze begonnen, die mir erklären soll, aus welchen Strängen sich die türkische Musik gebildet hat. »Sie ist«, sagt er, »wie ein großer Baum mit vielen Ästen.«

Er wühlt mit der Rechten in Schriftstücken und sortiert Broschüren, während er mit der Linken das Handy an sein Ohr presst. »Was? Wie? Warum ist das nicht fertig? Wie oft habe ich das jetzt schon gesagt?« Er schimpft über Musiker, die nur ihr Geld haben wollen, morgen sei der Todestag von Atatürk, da gebe es ein Konzert bei Kerzenlicht, und heute sei die Generalprobe, und alles werde wie-

Instrumentensammler: Güner Özkan, Direktor für klassische türkische Musik

der mal im letzten Moment gemacht. Ich nicke, obwohl ich nicht alles verstehe, und sage, er wollte mir doch noch etwas zur Geschichte der Musik erklären.

»Die Sprache hat einen langen Weg zurückgelegt«, sagt er. »So ist es auch mit der Musik. Es ist die Entwicklung, die mich interessiert.« Er erzählt von hohlen Baumstämmen, über die Tierhäute gespannt wurden, um Musik zu machen. Zeigt mir Fotos von Tanzgruppen und rennt an seinen offen stehenden Notenschrank, um einen Ordner mit Kompositionen herauszuholen. »Sie als Deutscher würden diese Musik mögen«, sagt er. »Alle Europäer mögen sie.« Die Sekretärin reicht ihm dazwischen ein paar Schnellhefter und sagt, es sei eigentlich schon Mittag vorbei. »Habe ich ganz vergessen«, sagt er lächelnd und bestellt ein paar Döner. Als sein Döner kommt, hat er gerade etwas mit dem Dirigenten zu besprechen. Der Döner ist schon ziemlich kalt, als er beginnt, ihn hinunterzuschlingen. Da klingelt wieder das Telefon, die Kasachin nimmt ab, damit er wenigstens essen kann, nach einer Minute aber reißt er ihr den Hörer aus der Hand. »Was, noch immer nicht fertig? Wann kriege ich das nun endlich?« Er legt hörbar hart auf und jammert über Angestellte, die kein Interesse an der Arbeit hätten, und über die Parteien, von denen jede in der Kultur wieder alles anders machen wolle, bloß weil nun sie an die Macht gekommen sei.

»Bleiben Sie ganz ruhig!«, sagt die Kasachin lächelnd zu mir. Sie kennt das schon länger, sei es von zu Hause oder von hier. Özkan macht Notizen neben dem Baum der türkischen Musikgeschichte, den er für mich gezeichnet hat, dann kommen wieder Mappen zum Unterschreiben. Er fetzt mit seinem Kuli über die Seiten, und ich habe das Gefühl, er würde in diesem Moment alles unterschreiben, auch sein eigenes Todesurteil. »Ach, dieser Papierkram«, stöhnt er, lehnt sich kurz zurück und lächelt mich an.

»Was ist eigentlich Ihr größter Traum?«, frage ich.

»Sehr gute Frage!«, sagt er und strahlt. Ein neuer Stromstoß ist durch ihn hindurchgegangen. Sein Körper strafft sich, seine Augen leuchten. »Ich möchte einmal türkische und westliche Instrumente in einem einzigen Orchester vereinen.« Er holt ein zentralasiatisches Cello her, das zusammen mit einem halben Dutzend Instrumenten an der Wand gelehnt hat. Ja, sagt er, er wolle Weltmusik machen, er sei für die Globalisierung von Musik, jedes Volk solle sich darin finden können. 1997 sei schon mal eine Sängerin aus Japan nach Izmir gekommen, um japanische Lieder mit Begleitung türkischer Instrumente zu singen. Das sei nur der Anfang gewesen – seine Vision sei eine Beethoven-Symphonie mit türkischen Instrumenten.

»Meinen Sie das ernst?«, frage ich.

»Ich weiß, die Leute werden mich für verrückt erklären, wenn sie das lesen«, sagt er und lacht. »Aber Sie werden sehen, der Traum wird wahr. Die ganze Welt, Ost und West, werden zusammen sein an diesem Tag. Danach sind alle Dämme gebrochen, und alle werden es nachmachen wollen.«

Seine Tochter, die als Dolmetscherin hilft, blickt ihn bewundernd an und milde auf das Chaos um uns herum. Wieder klingeln zwei Telefone zur selben Zeit, Özkan fegt durch den Raum, gleich wird die Generalprobe beginnen. Ich blicke auf Instrumente und Döner-Reste, Akten und Noten, leere Teegläser und kryptische Notizen. Es ist besser, wenn ich mich jetzt zurückziehe. Özkan schüttelt mir mit großer Herzlichkeit die Hand. Die Ereignisse schlagen über ihm zusammen. Doch er geht durch sie hindurch mit einer anscheinend unerschöpflichen Vitalität. »Sie sind ein toller Direktor«, sage ich zum Abschied. Und taumele die Treppe hinunter.

Kuşadası

Reisen in der Türkei ist geradezu elegant. Ich stelle mich einfach an den Straßenrand, irgendein Bus kommt immer. Der Fahrer blinkt mich einladend schon von Weitem an. Das Schild in der Windschutzscheibe verrät, wohin es geht. Tue ich nichts, rauscht der Bus vorbei. Winke ich kurz, stoppt er prompt. Ein Schaffner springt heraus, schnappt mein Gepäck und verstaut es blitzschnell im Kofferraum. Ich springe hinein, Sekunden später habe ich meinen Sitz. Wenn ich aussteigen will, gebe ich kurz Bescheid. Der Fahrer lächelt, der Schaffner lächelt, die Fahrgäste winken. Wozu, frage ich mich, braucht man eigentlich Haltestellen?

Kapitel 23

TROJA

Die Kraft der Träume

Hatice Bahar Akkan ahnt, dies wird der schwerste Tag der ganzen Woche. Ihre Gäste sind morgens um halb fünf aufgestanden, anders wäre dieser Ausflug nicht zu machen. Sechs Stunden Hinfahrt im Bus, sechs Stunden Rückfahrt im Bus, dazu eine Stunde Mittagessen – und eine Stunde für die Ruinen, die sie alle ein Mal im Leben sehen wollen. Macht summa summarum 14 Stunden. Ohne die Pinkelpausen, die noch dazukommen und für die sie – von wegen Sitztoiletten – als Reiseleiterin die richtigen Tankstellen raussuchen muss. Also 15 Stunden auf Achse, um eine Stunde in Troja zu sein. Sie hat zusammen mit ihrem Reiseveranstalter lange gezögert, ob sie diese Höllentour wirklich ins Programm nehmen sollten. Aber die Pauschaltouristen aus dem Raum Leipzig-Halle-Dessau wollen unbedingt dorthin. Sie waren in Pergamon, sie waren in Ephesus – nein, ohne Troja geht es einfach nicht.

Was die Sache erschwert, ist die Gewissheit, dass sie am Ende lange Gesichter sehen wird. Von allen Kulturstätten der Türkei ist Troja die größte Enttäuschung. Ein paar Mauerreste, ein paar Hügel, ein paar undefinierbare Steinhaufen – das ist alles, was von der sagenhaften Stadt und ihren neun Phasen geblieben ist. Nirgendwo ist der Absturz aus dem Reich der Mythen in die Realität so tief. Akkan wird alles tun, um dem Aufschlag zu mildern. Aber sie weiß, er wird kommen. Und dafür 15 Stunden unterwegs …

Wir verlassen das Richmond Hotel bei Kuşadası, wo die Deutschen für eine Woche untergebracht sind. Zwei vollbesetzte Busse, den anderen hat ein männlicher Kollege im Griff. Es ist morgens um sechs, alle sind noch frisch und munter, und Akkan macht sich langsam an das titanische Werk. »Wir werden heute viel Fantasie brauchen«, sagt sie ins Mikrofon, um die Leute schonend auf den Troja-Schock vorzubereiten, und macht sich daran, die Fantasie zu befeuern.

Sie reckt ein Buch mit Karikaturen in die Höhe, ein erfrischend unwissenschaftliches Werk über griechische Mythologie. Der Verlag der türkischen Reiseleiter-Vereinigung hat es in mehreren Sprachen, darunter auch Deutsch, herausgegeben. »Es war einmal ... Eine Zeit vor den Zeiten ... Es gab nur die Leere: Chaos!« Akkan beginnt vorzulesen, es wird mucksmäuschenstill. »Dann gebar das Chaos die Erdmutter Gaia. Dann wurde Tartarus geboren: der dunkelste Platz im Reich der Toten.«

Sie spürt, dass sie ihr Publikum hat. Links schimmert das Meer in der aufgehenden Sonne, rechts steigen sanfte Hügel in die Höhe. Die Buchten, die wir durchfahren, wirken wie Bühnen für die dramatische Genesis, die da vorgetragen wird. »Gaia erschuf zuerst Uranus, dann das Meer und die Berge, später füllte sie das Universum mit göttlichen Wesen. Gaia gebar zwölf Titanen, von denen sechs männlich und sechs weiblich waren. Und später drei Zyklopen. Und endlich drei Hekaten. Sie vergrub alle Kinder des Uranus, sie konnte ihre Gegenwart und ihre Hässlichkeit nicht aushalten. Gaia hetzte ihren Sohn Kronos gegen seinen Vater auf. In einer dunklen Nacht schnitt der Titan Kronos die Hoden seines Vaters mit einer dunklen Sense ab. Und warf sie ins Meer. So wurde aus dem sprudelnden Schaum Aphrodite geboren. Kronos vermählte sich mit dem weiblichen Titan Rhea, sie zeugten Kinder, aber er verschlang sie lebendig. Er fürchtete, dass ihm Gleiches geschehen könne, wie er es seinem Vater angetan hatte. Rhea verbarg daher Zeus, an seiner Stelle gab sie dem Vater einen umwickelten Stein.

Kronos verschlang ihn. Sie versteckte ihren Sohn in einer Höhle. Dort wuchs Zeus heran und wurde kräftig.«

So wächst, Seite um Seite, in den Köpfen die Götterwelt heran. Wir machen die erste Pinkelpause, danach geht es weiter mit dem Kapitel Troja. »Der jüngste Sohn des Königs Priamos war Paris. Seine Mutter Hekabe hatte einen Traum, schon bevor er geboren wurde: Flammen, die aus seinem Leib schlugen, verschlangen Troja. »Sagt mir, ihr Kenntnisreichen, was soll das bedeuten?«, fragte die Herrscherin den Rat der Ältesten. »Hohe Königin«, lautete die Antwort, »dieses Kind wird Troja und auch eurer Familie Unglück bringen ...«

Touristen kennen ihre Führer nur als Organisatoren, Entertainer, Mädchen für alles. Dafür haben sie bezahlt, alles inklusive. Was aber sind das für Leute, von denen das Wohl und Wehe einer Pauschalreise abhängt? Es gibt Tausende türkische Reiseleiter und Reiseleiterinnen. Jetzt habe ich die Gelegenheit, mich mit einer von ihnen ausführlich zu unterhalten. So bin ich der Einzige im Bus, der froh ist, dass die Fahrt so lange dauert.

Die alten Mythen hätten sie schon immer fasziniert, sagt die 41-jährige Frau. Ihr Vater erzählte ihr von den Zyklopen und nahm sie, als sie 14 war, nach Ephesus mit. Als sie in Istanbul Elektronik studierte, geriet sie in eine Gruppe, die Höhlenforschung als Hobby betrieb. Sie stieg an der Schwarzmeerküste mit einer Karbidlampe in unterirdische Gänge, die schon von Xenophon beschrieben worden waren. Dass sie dann Abteilungsleiterin bei Siemens wurde, war eine der berühmten Entscheidungen Kopf gegen Herz, die auch viele andere im Berufsleben treffen und hinterher meistens bereuen. Computer-Hardware ist die Zukunft, dachte sie, und hatte damit ohne Zweifel recht. Aber es dauerte keine zwei Jahre, und sie wusste, dass es nicht ihre Zukunft war. »Du bist kein Fabrikmensch«, sagte sie sich. Sie schmiss den Job der Abteilungsleiterin hin und erntete allgemeines Unverständnis. »Du hast wohl nicht alle Tassen im Schrank!«, sagten ihre Freunde.

Sie hätte keinen schlechteren Zeitpunkt für den Umstieg in den Tourismus wählen können. Schon drei Monate nach ihrer Kündigung 1990 braute sich mit Saddam Husseins Überfall auf Kuwait die erste Golfkrise zusammen, die kurdische PKK ließ Bomben in türkischen Touristenorten hochgehen, und dann gab es auch noch ein Erdbeben. Das waren harte Zeiten damals, und natürlich zahlte sie als Neuling zunächst mal Lehrgeld. Mit dem ersten Saisonvertrag, den Akkan schloss, landete sie in einem »Robinson Club«, musste zweimal die Woche als »Lady in Red« auf die Bühne, und nach fünf Monaten wusste sie, dass sie auch für den Animationszirkus nicht taugte. So begann sie erneut zu büffeln, um die Reiseleiter-Prüfung zu machen.

Das Leben ist eine ständige Suche nach sich selbst. Akkan heiratete einen Mann, der davon träumte, ein Haus zu bauen, während ihre Träume um Höhlen, Mythen und Archäologie kreisten. Die Ehe ging nach ein paar Jahren in die Brüche, und sie stand vor der Aufgabe, als Reiseleiterin tätig und zugleich für ihren Sohn Kağan da zu sein. »Jede Mutter in einer solche Lage«, sagt sie, »hat ein schlechtes Gewissen.«

Sie wollte nicht in den Bade-, sondern in den Kulturtourismus. Die Wintersaison, bei der Ausflüge von einem festen Standort aus im Vordergrund stehen, dauert neun Monate, von September bis Mai. 1995 fing sie damit an, trichterte sich Wissensstoff aus einem halben Dutzend Disziplinen ein. »Als Reiseleiter musst du von allem etwas haben«, sagt sie. »Du bist Archäologe, Theologe, Historiker, Geograf, Botaniker, Experte für Wirtschaft und Landwirtschaft, für Teppiche und Schmuck und typische Produkte der Türkei, und obendrein solltest du auch noch etwas von Gruppenpsychologie verstehen.« Sie las die Briefe des heiligen Paulus und die Bücher von

Mevlana, dem Gründer des Derwischordens, schaffte sich ein Pflanzenlexikon und eine CD-Auswahl mit türkischer Volks- und Sufi-Musik an. Jedes Jahr macht sie seither ein Fortbildungsseminar über neue Ausgrabungen, über Fauna und Flora, über die Geschichte der Karawansereien und die Institutionen der Europäischen Union, der die Türkei ja beitreten möchte.

So ist sie eine Art wandelndes Lexikon geworden. Und hat zugleich in all den Jahren gelernt, ihr Wissen dosiert von sich zu geben. Sie hat Gruppen, die sich den Teufel um Mythologie scheren und stattdessen lieber wissen wollen, wie ein türkischer Mokka gekocht wird. Sie hat aber auch Leute im Bus, die sich schon durch Berge von Büchern gearbeitet haben und mehr von den alten Göttern wissen als sie. Und manchmal ist sie auf dem Weg nach Ephesus, Pergamon oder Pamukkale mit einer ganz unerwarteten Frage konfrontiert: »Warum gibt es eigentlich in Deutschland mehr echte Türken als hier?«

Es ist zwölf Uhr vorbei, wir nähern uns Troja. Ihr Sohn Kağan, den sie so oft es geht auf ihre Touren mitnimmt, verteilt die Eintrittskarten. Akkan zieht den Anorak über, packt ihre Spickzettel zusammen, dann steht die Gruppe vor dem hölzernen Pferd, der größten Attraktion der Ausgrabungsstätte, weil man nämlich über eine Treppe in den Bauch steigen und dann für ein Erinnerungsfoto aus den Gucklöchern schauen kann. »Wir brauchen jetzt ein bisschen Fantasie«, sagt die Türkin noch einmal. Dann beginnt der schwere Weg durch Troja III und Troja IX, Troja V und Troja VII, es sind ein paar Ziegelsteine, Mauerreste, Erdhügel.

Die Deutschen folgen den Schildern und Pfeilen und versuchen verzweifelt, sich an irgendetwas festzuhalten. »Anfangs war ich immer nur ganz sachlich«, sagt Akkan, »aber damit kommt man hier einfach nicht durch.« So erzählt sie von Heinrich Schliemann, dem Entdecker der Ruinen, und wie er mit fanatischem Eifer den Boden nach dem Schatz des Priamos durchwühlt hat. »Für die Archäologie war es eine Katastrophe, für uns Normalmenschen aber ein Glücksfall. Jetzt wissen wir, dass Homer keine Märchen geschrieben hat.«

Wir ziehen zu dem Platz, wo laut der »Ilias« Hektor im Kampf gegen Achilles unterlag und danach sein Leichnam dreimal um die Stadt geschleift wurde. Kağan packt die Hand seiner Mutter, kuschelt sich an sie. »Ist das Troja?«, fragt er enttäuscht; auch für ihn ist es die erste Reise hierher. Die Blicke der Deutschen irren über die Ebene bis hinaus zu den Dardanellen, die in fünf Kilometer Entfernung zu sehen sind. Dann ist die Stunde auch schon vorbei, für die sie um halb fünf aus den Federn mussten. Sie haben jetzt eigentlich nur noch Hunger, und eine Frau bringt die Stimmung auf den kurzen Nenner: »Ephesus war besser.«

Troja ist abgehakt, Akkan hat es befürchtet. Nach dem Mittagessen fragt einer, ob es denn in der Gegend irgendwo Baumwolle zu pflücken gebe. Ein Zweiter fragt, ob sie auf der Rückfahrt an dem Rastplatz mit den schönen Feigen halten würden. Ein Dritter will mit ihr diskutieren, wie er nach der Rückkehr in die Heimat am schnellsten vom Flughafen nach Hause kommt. Zu Troja kommt keine einzige Frage mehr. Ein Glück, dass die Führerin für die sechs Stunden bis zum Richmond Hotel noch etwas im Köcher hat: den Troja-Film Marke Hollywood. Den gibt es nach dem Mittagsschlaf im Bus zu sehen, und da ist wirklich etwas geboten.

Es ist immer spannend, jemand nach seinem ganz großen Traum zu fragen. So tue ich es auch hier, während über uns im Monitor die Waffen klirren. Und erlebe wieder, wie ein Mensch aufblüht. »Ich bin glücklich, wenn ich von unserer Kultur erzählen kann«, sagt die Frau. »Und am schönsten ist das mit Kindern.« Letzten Sommer, sagt sie, habe sie mit einer Klasse von Kağans Schule einen Ferienausflug in die Archäologie gemacht, Phaselis, Termessos, Aspendos. »Ich wollte mit denen einfach mal was Besonderes machen.«

Die Kinder waren ein Super-Publikum, und sogar viele Eltern, die sie begleiteten, zückten den Kuli und schrieben mit, was Akkan alles von sich gab. »Mit dir war das wirklich ganz anders«, meinte nachher eine Mutter zu ihr. »Mein Sohn interessiert sich wirklich nur wegen dir für Archäologie«, sagte ihr eine Lehrerin.

»Auf einmal wusste ich ganz genau, was ich machen möchte«, sagt Akkan, und ihre Augen leuchten. »Und auf einmal wusste ich auch, dass alles, was ich bisher gemacht habe, seinen Sinn gehabt hat.«

Sie will in Gümüşlük bei Bodrum etwas für Kinder aufziehen. Einen Zelturlaub zum kreativen Austoben. Sie will mit ihnen durch Ruinen steigen, die gerade freigelegt werden; einen türkischen Archäologen hat sie dafür schon an der Hand. Sie will einen Gemüsegarten anlegen, wo die Kinder pflanzen und ernten können. Sie hat auch schon Leute gefunden für Kurse in Keramik, Astronomie und Schwimmen. Sie hat Kontakte zu Sponsoren geknüpft, etwa zu türkischen Privatuniversitäten wie Sabanci und Koc, sie braucht jetzt noch einen Unternehmensberater und einen Mann für die Finanzen. Aber sie weiß jetzt schon, dass Eltern ihr die Bude einrennen werden – vor allem die aus der High Society, deren Kinder sich so oft an den Pools von Luxushotels langweilen.

Der Troja-Film ist zu Ende. Die meisten Fahrgäste sinken wieder in den Schlaf. Akkan aber explodiert förmlich neben mir mit ihren Ideen. Ein Pilotversuch mit einem Gymnasium. Eine Vater-Sohn-Woche. Ein Angebot für alleinerziehende Mütter in Deutschland. Sie hat alle Kontakte, die sie braucht. Und sie hat Kräfte, die sie jetzt ausspielen kann wie nie zuvor. Gesegnet ein Land, das so viele Kulturschätze hat. Und Menschen, die etwas damit anfangen können.

Yalova

Sind die vielen neuen Staudämme schuld? Das Bewusstsein, dass Wasser weltweit immer knapper wird, hat bisher nur wenige Türken erfasst. Jeden Morgen gehört es zum Ritual eines Ladenbesitzers, den Gehsteig vor seinen Auslagen in aller Gründlichkeit mit dem Wasserschlauch zu säubern. Jede Raststätte ist von Lachen umgeben, weil die ankommenden Omnibusse eine ausgiebige Dusche erhalten, kaum dass die Fahrgäste ausgestiegen sind. Ich sehe in den Städten sogar Leute, die Laub wegspritzen statt wegfegen. Die Sonne brennt große Teile der Türkei in den Sommermonaten aus. Aber das Land ist von drei Meeren umgeben. Der sparsame Umgang mit Wasser ist eine Idee, die es wohl noch lange schwer haben wird.

Kapitel 24

KERMEYAN/SAMANLI

Der Herr der Eichen

Es scheint, als wolle die Natur ihre Macht demonstrieren. Die Wolken hängen so tief, dass sie fast unsere Köpfe streifen. Es schüttet, Windböen peitschen den Regen fast waagrecht durch die Luft. Kein Stück Boden ist mehr fest, alles schwimmt und platscht und matscht. Wir haben nicht mal Schirme, trotzdem stürzen wir uns in dieses grausige Novemberwetter. Denn wir sind nach Kermeyan gekommen, um ein kleines Lehrstück zu sehen. Und Irfan Ertuğrul, der Bürgermeister des Dorfes, ist stolz darauf, es uns zeigen zu können.

Wir schlittern pitschnass einen Hang hinunter, an dem es kein Halten gibt, und patschen drüben mühsam wieder hinauf bis auf halbe Höhe. Dann sehen wir, was die Leute von Kermeyan geleistet haben, bei diesem Wolkenbruch sogar besonders gut. »Früher haben wir so was nur ab und zu im Fernsehen gesehen, irgendwo weit weg von hier«, sagt der *mukhtar.* »Jetzt aber sind wir diejenigen, die die größte Begeisterung zeigen. Daher haben wir, nicht andere, dieses Projekt bekommen. Ja, wir haben es uns verdient.«

Sie haben Buschwerk herbeigeschleppt und es in allen Rinnen, die den Hang durchziehen, zu kleinen Sperren verdichtet. So verhindern sie, dass die zu Tal stürzenden Wasserströme den Boden mitreißen. Sie bewirken, dass sich das Wasser verteilt – ein kleiner Sieg im Kampf gegen die Erosion. Alle Hänge hier haben jetzt solche schützenden Reisigbarrieren.

»Wir hätten damit auch eine Firma beauftragen können, die so was professionell macht«, sagt Harkan Tuzmen, der Projektkoordinator. »Aber wir haben bewusst darauf verzichtet. Wir wollten, dass die Dorfbewohner selbst die Sache in die Hand nehmen. Sie trafen gemeinsam den Beschluss. Sie machten gemeinsam die Erfahrung. Und jetzt sehen sie gemeinsam den Erfolg.«

Kermeyan liegt in Thrakien, im europäischen Teil der Türkei, 170 Kilometer westlich von Istanbul. Das Projekt, das die Umweltschutzorganisation TEMA hier initiierte, ist nur ein Tropfen auf dem heißen Stein. Aber immerhin ist der Tropfen so dick, dass er gehörig Dampf entwickelt. Kermeyan ist der Beweis, dass auch Dörfer in dieser Region eine Zukunft haben – wenn die Menschen bereit sind, noch was dazuzulernen.

»Wir haben angefangen, nach Alternativen zu suchen«, sagt der Bürgermeister. Wir träumen ja auch ein bisschen von Europa. Das zwingt uns dazu, uns Gedanken über das Morgen zu machen. Vielleicht kommt die Türkei am Ende nicht in die EU. Aber die Erfahrung, die wir hier machen – die bleibt.«

Sie haben 700 Hektar Ackerland und 200 Hektar Weiden. Dies und ihr Know-how sind ihr Kapital. Sie haben angefangen, Futterpflanzen für die Kühe zu züchten, so können sie die Weiden vor Übernutzung bewahren. Sie haben gelernt, besser zu düngen; früher mussten sie die Verkäufer fragen, heute wissen sie selbst viel besser, was ihr Boden braucht. Sie haben Seminare in Tierzucht, Fütterung und Weidelandnutzung besucht. »Es ist wirklich ein Modell, was wir hier machen«, sagt Ertuğrul. »Die Leute glauben ja eigentlich nur, was sie mit eigenen Augen sehen. Dieses Jahr aber haben wir es alle gesehen: Zum ersten Mal in der Geschichte des Dorfes sind unsere Kühe richtig fett.«

Wir stapfen hinüber zu einem Treibhaus, das sie neu angelegt haben, und schütteln einen Teil des Wassers aus unseren Kleidern. Der Bürgermeister erzählt, welche Pläne sie für Obst- und Weinbau haben und wie sich die Stimmung im Dorf gewandelt hat. »Wir haben schon eine Menge gelernt. Wir werden auch noch das Marketing lernen. Viele Leute sind schon aus den Nachbardörfern gekommen, um unser Projekt zu sehen. Dies hier ist unsere große Chance. Glauben Sie mir, wir werden sie nutzen.«

Es gibt in der Türkei 35 solcher TEMA-Projekte. Sie sollen ein Zeichen setzen, dass die Landflucht vielleicht doch zu stoppen ist. Noch leben 30 Prozent der Türken von der Landwirtschaft, prozentual fünf- bis sechsmal mehr als in den Staaten Westeuropas. Sie werden nur dann eine Chance haben, wenn sie bereit sind, neue Wege zu gehen.

Der Mann, der das alles vorgedacht hat, lebt ebenfalls in einem Dorf. Es heißt Samanlı und liegt beim Städtchen Yalova, von Istanbul in einer Stunde mit der Fähre über das Marmarameer zu erreichen. Der Mann ist Jahrgang 1922, ein Jahr älter als die türkische Republik. Er hat weißes Haar und einen weißen Bart und geht schon etwas gebeugt. Aber in seinen Augen blitzt noch immer die Lust am Unternehmen, und sein Lächeln ist lebendige Güte. Hayrettin Karaca ist der Gründer von TEMA und der Vater des Umweltschutzes in der Türkei. Er ist Mitglied in 18 internationalen Organisationen. Gerade war er eine Woche in Konya, in ein paar Wochen wird er in die USA und nach Chile fliegen. Dabei könnte der 83-Jährige in Ruhe sein schmuckes Haus genießen und befriedigt mitansehen, wie im Land seine Saat aufgeht.

Erinnerungsfetzen stehen am Anfang unseres Gesprächs. Als dreijähriger Junge hob er unterwegs ständig Blätter auf und brachte sie seiner Mutter. »Mama, schau mal, schöne Blumen«, sagte er, denn auch Blätter waren für ihn damals Blumen. Ein paar Jahre später, wenn er in den Ferien mit den Eltern aufs Land fuhr, gab es für ihn nichts Schöneres, als die Bauern bei der Arbeit zu beobachten. Er sah zu, wie sie Getreidekörner im Fluss wuschen und an Land zum Trocknen auslegten. »Vier, fünf, sechs Stunden saß ich da und schützte die Körner vor den Vögeln.« Waren dies die ersten Anzeichen, was aus ihm einmal werden würde?

Er war der Sohn eines reichen Textilfabrikanten, wollte eigentlich Geschichte und Literatur studieren. Aber der Vater sagte, die Firma sei wichtiger, und was der Vater sagte, das galt. Als er 1956 starb, übernahm der Sohn das Unternehmen, hatte 800 Leute im Betrieb und exportierte Strickwaren in alle fünf Kontinente. So wurde auch er ein reicher Mann. Doch das Geldverdienen interessierte ihn zunehmend weniger. Es brachen die Dinge durch, die mit den Blumen und den Körnern seiner Kindheit zu tun hatten.

Seit den siebziger Jahren wanderte Karaca durch die Türkei. Er streifte mit fachkundigen Freunden durch die Natur, mit Botanikern, Zoologen, Dendrologen. Wenn sie Picknick machen wollten, war immer das größte Problem, dass es kein Wasser gab. Sie zogen ins nächste, ins übernächste Tal, ständig auf der Suche nach Wasser. Das prägte sich ihm für immer ein. Er hatte ein exzellentes Ortsgedächtnis und kam oft nach Jahren wieder an eine Stelle zurück, wo er schon mal ungewöhnlich schöne Blumen gepflückt hatte – und erlebte dann oft, dass die Blumen nicht mehr zu finden waren.

Dies alles, sagt er, habe ihn umso mehr geschmerzt, als 93 Prozent aller Wälder in der Türkei noch Primärwälder seien, verglichen mit weniger als einem Prozent in den Ländern Westeuropas. Zugleich sind 78 Prozent des Landes von Erosion betroffen. Hauptgrund dafür ist nicht mehr die Rodung, sondern der Bevölkerungszuwachs und die daraus folgende Übernutzung der Flächen. Noch vor einiger Zeit wurden jedes Jahr 550 Millionen Tonnen Erde in Seen, Flüsse und Meere gespült – das ist so viel, als würden auf 2000 Fußballplätzen jeweils eine Bodenschicht von 100 Metern Tiefe abgetragen. Dieses Problem, so empfand es Karaca, war die eigentliche Aufgabe seines Lebens. 1980 übergab er den Betrieb an seinen Sohn. 1992 gründete er, zusammen mit seinem Freund Nihat Gökyiğit, die Stiftung

Umarmung für die Eiche: Erosions-Bekämpfer Hayrettin Karaca

TEMA, um gegen die fortschreitende Verwüstung des Landes zu kämpfen.

»Das Problem war bekannt«, sagt Karaca, »viele Bücher waren darüber schon geschrieben worden. Aber es war nicht im Bewusstsein der Öffentlichkeit. Dies war die Aufgabe, die sich uns stellte.« TEMA verfolgte eine Strategie, die sie von vielen anderen Umweltschutzorganisationen unterschied. Karaca versuchte, gegenüber der Regierung möglichst wenig Fronten aufzureißen, denn er wusste, dass er die Mächtigen brauchte. Also machte er Minister nicht zu Gegnern, sondern zu lebenslangen TEMA-Mitgliedern. Er holte nach und nach das Finanz-, Erziehungs-, Forst-, Umweltschutz-, Religions-, Planungs-, Bau- und Landwirtschaftsministerium sowie den Generaldirektor der Radio- und Fernsehgesellschaft TRT in den Vorstand. Trotz allem aber blieb TEMA eigenständig, und wenn nötig führte die Stiftung sogar Prozesse gegen die Regierung. So wurde seine Organisation populär. Heute ist sie, mit 264 000 Mitgliedern, nach dem Roten Halbmond die größte zivile Vereinigung in der Türkei. Und den alten Karaca kennt mittlerweile jedes Kind unter dem Namen *Erosyon Dede,* was frei ins Deutsche übersetzt heißt: »der Opa, der die Erosion bekämpft«.

Draußen fallen schon die ersten Schneeflocken. Karaca aber will mit mir an die frische Luft. Er hat um sein Haus herum ein Arboretum entstehen lassen, denn die Bäume haben es ihm ganz besonders angetan. Mehr als 2,2 Millionen junge Bäumchen hat TEMA inzwischen schon gepflanzt. Ganze Schulklassen ziehen dafür aufs Land, das Militär schickt Soldaten als Helfer – endlich gibt es wieder Stellen in der Türkei, die grün statt graubraun werden. Karaca streift, mit Stiefeln und in einen dicken Mantel gehüllt, durch das kleine Reich, das er sich selber geschaffen hat und das ein Inspirationspark für das ganze Land ist.

Die Zweige tragen nur noch wenige Blätter, das dichte Laub raschelt unter unseren Schritten. Karaca geht auf eine der herrlichen Eichen zu, die hier wachsen. Er streichelt die Rinde, umarmt den Stamm, ganz so wie einen geliebten Menschen. »Von allen Bäumen fasziniert mich die Eiche am meisten«, sagt er. »Es ist der einzige Baum, der überall wächst, selbst in trockensten Gebieten. Es ist der beste Baum, um die Erosion zu bekämpfen. Seine Wurzeln sind tief und breit verzweigt, sein Laub macht den Boden fruchtbar. Sie können eine Eiche fällen oder verbrennen – sie kommt immer wieder zurück. Und die Eiche ist ein sehr sozialer Baum. Sie verträgt sich mit allen anderen Pflanzen, verdrängt nichts aus ihrer Nachbarschaft. Ja, die Eiche umarmt alles, was lebt.«

Er hat jetzt schon 226 Eichenarten in seinem Arboretum versammelt und sagt: »Ich will die größte Eichensammlung der Welt besitzen.« Das größte Projekt, das TEMA je gestartet hat, läuft unter dem Slogan »10 Milliarden Eicheln«. So viel sollen, in Zusammenarbeit mit dem Ministerium für Umweltschutz und Forsten, bis 2023 gesteckt werden. Fast eine Milliarde Eicheln wurden bisher schon im Boden versenkt. Viele Einzelpersonen, sagt Karaca, hätten aus eigener Initiative damit angefangen. Das ist es, was er wollte, das war sein Ziel. »Eines Tages«, sagt Karaca, »werden unsere Herzen die Politik bestimmen.«

Karaca ist ein Kemalist im besten Sinn, Friede zu Hause, Friede in der Welt. Er meint, es wäre besser, wenn Europa die Türkei in Ruhe ließe und umgekehrt. Er spürt, dass die meisten Türken nur deswegen nach Europa wollen, weil sie sich davon mehr Geld, mehr Konsum, mehr materiellen Reichtum versprechen. »Ich möchte aber nicht, dass sie reich, sondern dass sie glücklich werden«, sagt der Mann, der die Bäume umarmt. »Der Tag wird kommen, da wird jeder diesen Unterschied verstehen. Der eine hat den Hunger im Bauch, der andere in den Augen.«

Er hebt Eicheln vom Boden auf. »Nahrung für Tier und Mensch«, sagt er, und wendet sich dem nächsten Baum zu. Ich glaube zu spüren, was ihn tief im Innern antreibt: Er will selber so sein wie eine Eiche.

Istanbul

Der Bosporus ist eine Meerenge, die nichts trennt. Streng geografisch gesehen ist er die Grenze zwischen Europa und Asien. Doch der Alltag geht darüber hinweg. Hunderttausende überqueren ihn täglich mit dem Auto oder der Fähre. Die Grenzen, die West und Ost trennen, verlaufen in irritierenden Zickzack durch diese Millionenstadt. Es gibt Viertel, die sich einigeln und gegenüber der Welt verschließen; dort dominieren lange Bärte bei den Männern und schwarzes Tuch bei den Frauen. Es gibt aber auch Stadtteile, die aussehen, als bestünde das Leben nur aus Bank- und Versicherungsgeschäften. Und dazwischen liegt der Bosporus. Er ist wie eine Schweißnaht, die das alles zusammenhält.

Kapitel 25

ISTANBUL

Der Kick mit den Kursen

Das Emblem der Börse von Istanbul symbolisiert das neue *standing* dieser Stadt, die vor 1500 Jahren das Zentrum der Welt war. Ein senkrechter, breiter, weißer Streifen, das I von Istanbul, durchschneidet den Globus in der Mitte, verbindet den Nord- und den Südpol. Eine gerade horizontale Linie markiert die Lage der Türkei zwischen dem 36. und 42. Breitengrad. Die geschwungene Linie darüber, das Sinnbild der Europabrücke über dem Bosporus, verbindet die zwei Kontinente. Die Hintergrundfarbe ist Türkis, die traditionelle Farbe der Türken.

Sie haben sich aus dem Zentrum geflüchtet, die smarten Damen und Herren, die täglich mit den Kursen pokern. Es ist, als habe sich die Börse mit diesem Neubau im Stadtteil Emirgan über alle Lasten der Vergangenheit erhoben. Ein Aufbruch zu neuen Ufern. Symbol für die Stadt. Symbol für das Land.

Ich erhalte einen Besucherausweis, den ich an die Jacke stecken muss. Drehkreuze, Sicherheitscheck, piepende Töne, ein Ambiente, das blank gewienert blinkt. Ein paar Grünpflanzen, geschickt eingestreut, Männer in fein geschnittenen Anzügen. 850 Makler gehen hier ein und aus. Der Durchschnittswert der täglich gehandelten Papiere betrug vor 20 Jahren 100 000, vor zehn Jahren 209 Millionen, Ende 2005 mehr als 760 Millionen Dollar. Die durchschnittliche Zahl der Aktien, die täglich gehandelt wurden, stieg von sechs im Jahr 1990 über 1220 (1995) und 45 023 (2000) auf nahezu 350 000 im Jahr 2005. Vor mir sitzt eine Dame im dunklen Hosenanzug. Wir müssen uns sputen mit dem Interview. Die Handelszeiten sind morgens von 9.30 bis 12 Uhr, nachmittags von 14 bis 16.30 Uhr. Dazwischen zwei Stunden Mittagspause: die einzige Chance, mit ihr zu reden, und einen kleinen Bissen muss sie ja auch zu sich nehmen. Zeynep Gül Aktaş, Jahrgang 1971, Mutter einer neunjährigen Tochter. Am Morgen bringt sie die Kleine zur Schule, am Nachmittag holt sie sie dort wieder ab, dazwischen ist sie hier allein in ihrem Zimmer mit den Kursen. Und mit ihren Kunden. Und mit ihren Nerven.

»Für eine Frau ist es hart«, sagt sie. »Du willst gut sein als Maklerin, gut sein als Mutter – es wartet schon eine Menge auf dich.« Ein zweites Kind? Nein, wird wohl nicht gehen. Sie hat ja auch noch einen Mann. Schwierig genug, das alles unter einen Hut zu kriegen ...

Sie, die Tochter eines Luftwaffenoffiziers, ist wirklich ein sportlicher Typ. Schon als Studentin spielte sie Basketball in der Nationalliga, und jetzt, in der Broker-Vereinigung, ist sie auch noch bei Fußball und Volleyball, Schwimmen und Tischtennis aktiv. Aber das müsse wirklich sein, sagt sie, denn die Stunden hier machten einen ganz schön fertig.

Der Handel an der Istanbuler Börse ist elektronisiert. Aktas stülpt sich den Kopfhörer über, schaltet den Computer ein, und dann jagen sich die Kurse, die Nachrichten, die Aufträge. »Jede Sekunde musst du auf Empfang sein«, sagt sie. »Du hast nicht mal Zeit, zur Toilette zu gehen.« So gehe das Tag für Tag, und das nun schon im zehnten Jahr, und so was hinterlasse eben seine Spuren. Zu Hause ertappe sie sich dann öfter mal dabei, dass sie zu ihrem Kind sage: »Bitte sei doch mal ruhig.«

»Was empfinden Sie, wenn Sie Millionen bewegen?«, frage ich.

»Nichts«, sagt sie, »absolut nichts. Ich muss nur aufpassen, keinen Fehler zu machen. Ein einziger Fehler kann dich, wenn du Pech hast, deinen Job kosten. Die Order kommt nur ein einziges Mal über den Kopfhörer. Wenn du die verpasst – das war's dann eben.«

Das größte Risiko sei, sich zu verhören oder zu vertippen, sei es beim Namen der Aktie, sei es bei der Summe, sei es, dass man »Kaufen« statt »Verkaufen« versteht oder umgekehrt. Einmal, ein einziges Mal, sei ihr das bisher passiert; zum Glück ging es nur um 500 Lira, der Kunde habe keinen Aufstand gemacht, sondern es grummelnd geschluckt. Schlimmer sei es schon, wenn sie einen schlechten Tipp gebe oder wenn der Kunde viel Geld verloren habe. Dann kämen schlimmste Flüche durchs Telefon, »Sätze, die ich wirklich vor Ihnen nicht wiederholen möchte«.

Sie erzählt, was einer Kollegin passierte, mit der sie befreundet ist. Die wachte wegen ihres Babys zehnmal in der Nacht auf, kam am nächsten Tag völlig zerschlagen ins Büro, und dann schlief sie irgendwann ein ... »Nein«, sagt Aktaş beschwörend, »so weit darf es bei mir nicht kommen.« Sie erinnert sich, dass sie einmal schon ziemlich nahe dran war, diesen Job hinzuwerfen. »Warum«, so fragte sie sich, »ziehst du dich nicht in ein Landhaus zurück und lebst ein ruhiges Familienleben?«

Die Antwort, die sie sich auf diese Frage gibt, wäre weder ihrer Mutter noch gar ihrer Großmutter in den Sinn gekommen. »Irgendwas fasziniert mich dabei. Kein Tag ist wie der andere. Du kriegst hautnah mit, was alles auf der Welt passiert. Du glaubst, jetzt gehen die Kurse runter – aber nein, sie gehen hoch. Die Börse ist ein Ding, das du nie vollkommen verstehst. Und das ist wohl der Grund, weshalb ich immer noch hier bin.«

Wir blicken beide auf die Uhr, die Mittagspause ist um. Normalerweise fachsimpelt sie um diese Zeit mit den Kollegen in der Kantine. Heute ist das Gespräch mal ein bisschen anders gelaufen. Sie lächelt und reicht mir Hand. Der Kopfhörer liegt griffbereit. Im Börsensaal beginnen die Kurse zu flimmern. Frankfurt und London sind nah, Erzurum und Diyarbakır so weit weg, dass sie für Zeynep Gül Aktaş wirklich keine Rolle spielen.

Istanbul

Ein Teehaus im Viertel Tarlabaşı. Hier treffen Männer zusammen, die vom Schicksal nicht begünstigt waren, die nicht zu den Siegern gehören. Jeder weiß das, und doch reden sie meist nicht darüber. Sie trinken Tee und rauchen und spielen Karten, so versuchen sie den Tag zu vergessen, die Nacht zu verkürzen und die Angst vor dem neuen Tag zu verdrängen. Sie laden mich und meine Dolmetscherin auf ein paar Gläser ein. Wir ahnen nicht, was wir da auslösen. Plötzlich schält sich einer aus einer verqualmten Ecke, zieht ein Blatt Papier aus der Jackentasche. Şahan Kaya sei sein Name, sagt er, und er werde uns ein Gedicht vortragen, das er selbst geschrieben habe. Ein Gedicht in einem Teehaus? Es wird still um uns, der Text lautet übersetzt so:

Seit 20 Jahren sagen sie: »Du bist ein Bauer!«/Ungebildet haben sie mich genannt./Sie haben sich immer lustig über mich gemacht./Ich habe den Namen »Istanbul« gehört./»He, Mann, komm doch hierher!«/»Worum geht's?«, antwortete ich./»Komm her und lehne deinen Rücken/An eine Arbeit, an ein Versicherungssystem.«/Dann aber sagten sie mir,/Ich sollte mein Zeugnis vorlegen./Da brachte ich mein Zeugnis./Als ob ich etwas zu Stande gebracht hätte./»Okay«, sagten sie, »geh erst mal nach Hause./Wir rufen dich an.«/Natürlich haben sie nicht angerufen./Und ehe ich mich's versah,/Fand ich mich in den Teehäusern wieder./Da beschloss ich, nach Çanakkale zu gehen,/Wo mein Großvater als Patriot gestorben ist./Seine Kinder wurden in die Ecke geworfen,/Als Atatürk nicht mehr am Leben war.

Kapitel 26

ISTANBUL

Der kalte Schweiß

Wir muten Perihan Pınar einiges zu. Sie kennt uns gerade mal seit einer Stunde, und doch wollen wir gleich zu ihr nach Hause. Wir sprachen sie am Spätnachmittag in der Grundschule des Stadtteils Tarlabaşı an, als sie kam, um ihre Kinder abzuholen. Der freundliche Hausmeister, den wir vom Teehaus kannten, spielte den Vermittler. Die 48-jährige Frau hatte nur ein paar Minuten, um Vertrauen zu schöpfen. Sie konnte auch nicht mit ihrem Mann darüber reden. Trotzdem nickte sie kurz, und wir zogen los. Unterwegs ging ich noch schnell in einen Laden, um ein wenig Teegebäck zu kaufen, damit wir wenigstens nicht mit leeren Händen kommen.

Es ist mittlerweile dunkel geworden. Wir gehen durch enge, schwach beleuchtete Straßen, die mit vollgehängten Wäscheleinen überspannt sind. Am Eingang zu dem Haus, in dem ihre Wohnung liegt, merken wir, dass unser Wunsch eine noch größere Zumutung ist, als wir ahnten. Es ist stockfinster hier drinnen, daran ändert sich auch nichts, als wir den Lichtschalter drücken. Die Stadtverwaltung hat den Anliegern den Strom abgeschaltet, weil sie ihre Rechnungen nicht mehr bezahlen konnten. Pınar kramt verlegen ein Streichholz hervor, um uns damit die Treppe hochzuleuchten. »Nein, lassen Sie ruhig«, sagen wir, »wenn Sie jeden Tag im Dunkeln raufkommen, dann schaffen wir das auch.«

Wir tasten uns drei Stockwerke hoch, immer an dem steilen Geländer entlang. Die Stufen sind schmal und knarren laut. Wir

Kampf ums Überleben: die aus dem Osten zugewanderte Familie Pınar

hoffen, dass nicht irgendwo eine Tür aufgeht. Wenn einer der Nachbarn uns sieht, gibt es nur unnötige Verwirrung. So schleichen wir zur Wohnung Pınar und kommen uns im Treppenhaus ein bisschen wie Verbrecher vor.

Im Zentrum der Wohnung steht ein wärmender Ofen, von ihm zieht sich ein langes Rohr nach oben und an der Decke entlang. Sabri Pınar, Perihans 65-jähriger Mann, schüttelt uns die Hand. Istek, 27, und Hülya, 23, zwei Schwiegertöchter, kommen hinzu, vier Kinder scharen sich um uns, die anderen Männer sitzen im Teehaus. Wir möchten wissen, wie das ist, wenn man vom Land in diese Riesenstadt kommt, die jedes Jahr noch ein Stück riesiger wird, es sind jetzt 12 oder 13 oder 14 Millionen, wer weiß das schon genau.

Wir möchten wissen, was sie hierhergetrieben hat. Welche Träume sie hatten. Und weshalb sie offenbar nicht in Erfüllung gehen.

»Es war ein hartes, ein zu hartes Leben im Osten«, sagt die Mutter. »Sechs Monate im Jahr herrschte Kälte. Von dem bisschen Geld, das wir hatten, mussten wir das meiste für die Kohleheizung ausgeben.« Weder sie noch ihr Mann sind je zur Schule gegangen, denn in dem Dorf, wo sie aufwuchsen, gab es so etwas nicht. 20 Jahre lang lebten sie dann in Bitlis, 15 Jahre in Muş, aber welche Chancen hatten sie dort, wenn sie nicht lesen und schreiben konnten? Sie gebar fünf Söhne, die drückten dann wenigstens für ein paar Jahre die Schulbank. Aber auch sie, das sah sie mit Schmerzen, kamen auf keinen grünen Zweig. Istanbul, nur Istanbul war die Rettung.

Als Erste brachen zwei Söhne nach Westen auf. Sie fanden Jobs in einer Schneiderwerkstatt und schlugen sich so einigermaßen durch. Dann, im Jahr 2002, kam der Rest der Familie nach. Aber kaum waren sie alle wieder zusammen, brannte die Wohnung aus, in der wir jetzt sitzen. Ein Kurzschluss, verursacht durch einen elektrischen Heizkörper, sagen sie. Die Teppiche waren das Einzige, was sie in letzter Minute retten konnten. Nachbarn aus Muş nahmen sie für eine Woche auf. In dieser Zeit stürzten sich die Söhne in Schulden, um die Wohnung zu renovieren. Seither haben sie in der Stadt, die ihnen Rettung bringen sollte, nur noch ein einziges Thema: die Schulden.

Sie ließen in ihrem Lebensmittelladen anschreiben – 200 Lira. Sie ließen Strom- und Wasserrechnungen unbezahlt – 1400 Lira. Sie haben seit einem Jahr die Miete nicht mehr bezahlt – 2400 Lira. Dazu kam die Hochzeit von Hülya, für die sie sich 1000 Lira bei Verwandten pumpten, um wenigstens dieses Ereignis einigermaßen feiern zu können. Aber nun sind insgesamt 5000 Lira, umgerechnet mehr als 3000 Euro, zusammengekommen. Für sie ist das ein kleines Vermögen, sie wissen wirklich nicht, wie sie die Summe aufbringen sollen. Der Gerichtsvollzieher war vor ein paar Wochen das erste Mal da, in zwei Wochen wird er wahrscheinlich ein zweites Mal kommen. Der Eigentümer des Hauses hat auf Räumung geklagt.

Der einzige Sohn, der ein halbwegs festes Einkommen hat, ist verheiratet und lebt auf der asiatischen Seite. Die anderen vier, von denen drei noch ledig sind, gehen jeden Morgen um sieben aus dem Haus, um irgendwo eine Gelegenheitsarbeit zu finden. Wenn sie Glück haben, finden sie etwas für acht oder zehn Tage, dann geht die Suche aufs Neue los. Die Frauen kriegen manchmal den Auftrag, ein paar Kleidungsstücke zu häkeln oder zu stricken, aber auch das hängt an den Launen des Schicksals. Erhan, einer der jungen Männer, hat seit zwei Wochen einen Job in einem Atelier, Stoffe zuschneiden, bügeln und nähen, aber er ahnt, dass auch das nicht von Dauer sein wird. Wenn das so weitergeht, hat er vor ein paar Wochen entnervt geschrien, wird er sich noch umbringen. Seitdem haben sie alle Angst davor, dass ein neues Unglück geschieht.

Sogar der Vater hat auf seine alten Tage versucht, zum Einkommen der Familie beizutragen. Zwei Jahre lang verkaufte er Sesambrot an einem Taxistand, dann wurde dieser ambulante Handel ohne Lizenz von den Behörden verboten. Seither irrt er durch die Straßen, immerzu auf Suche nach Arbeit, und immerzu konfrontiert mit der Erfahrung, dass ihn niemand braucht. Um Lasten zu schleppen, ist er zu alt. Und die Jobs in den Schneiderwerkstätten werden meist durch Beziehungen vergeben. Wenn der Chef aus Sivas ist, werden Leute aus dem Raum Sivas eingestellt. Wenn der Chef aus Mardin ist, kommen Leute aus dem Raum Mardin zum Zug. Das ist das Netz der türkischen Dorfsolidarität. Die Familie Pınar aber kennt in ihrer Gegend keinen einzigen Kleinunternehmer, der aus Bitlis oder Muş stammt. »Wir haben einfach nicht die Beziehungen, die man in der Türkei braucht«, sagt Perihan. »Ich fühle mich hier wie in einem Loch«, sagt der alte Mann. »Es ist schlimm, wenn man einfach nichts tun kann. Ich bereue es, dass wir hierhergekommen sind. Aber nun ist es zu spät.«

Die Reichen werden reicher, die Armen werden ärmer. Das ist das Gesetz eines Wirtschaftsbooms im Zeichen der Globalisierung. In Istanbul, der pulsierenden Metropole, reißt diese Kluft stärker auf als irgendwo sonst im Land. Während neue Hochhäuser aus dem Boden schießen, glimmt in den Vierteln, wo die Verlierer wohnen, eine soziale Lunte. Millionen Dörfler sind in die Stadt gekommen – und haben ihre Probleme mitgebracht.

»Wir schlafen nachts schlecht und wachen immerzu auf«, sagt die Frau. »So liegen wir im Bett, haben kalten Schweiß im Gesicht und zermartern uns den Kopf und finden doch keine Lösung.« Vor ein paar Tagen haben sie den Vermieter im Haus gesehen. Sie zuckten zusammen und fragten sich: »Ist es nun so weit? Wirft er uns raus?« Diesmal ging er zum Glück wieder weg. Aber sie wissen, er wird wieder kommen.

Istanbul

Drei Buchstaben sorgen für ständigen Streit: X, W und Q. Sie sind im lateinischen Alphabet der türkischen Sprache nicht vorgesehen. Wer sie trotzdem benutzt, zum Beispiel bei der Namensgebung, legt damit ein politisches Bekenntnis ab. Es kann eine Menge Ärger bringen. Denn X, W und Q verraten, dass die Schreibweise kurdisch ist. Um die Verhandlungen über einen EU-Beitritt möglich zu machen, hat die türkische Regierung zahlreiche Reformen beschlossen. Kurdische Eltern dürfen seit 2003 ihren Kindern traditionelle Namen in ihrer Muttersprache geben – aber nicht mit X, W und Q. So lautet ein Rundschreiben des Innenministers, das an alle Meldebehörden ging. Die Angst vor Separatismus, das Geburtstrauma der Republik, durchdringt bis heute das Groß- und Kleingedruckte.

Kapitel 27

ISTANBUL
Die gefährlichen Bücher

Als Fatih Taş noch ein paar Jahre jünger war, träumte er von einem freien Kurdistan. Das hatte er mit Hunderttausenden junger Kurden gemein. »Damals war ich noch sehr sentimental«, sagt er. Jetzt, mit 26, klingt es aus seinem Mund so: »Ein neuer Staat würde genauso aussehen wie der alte. Erst muss die Staatsgewalt schrumpfen und die Volksgewalt wachsen. Das ist zunächst mal die Aufgabe. Wir Kurden haben ja auch einiges zum türkischen Staat beigetragen.«

Er hat die Kehrtwende nachvollzogen, die Guerillachef Abdullah Öcalan nach seiner Festnahme 1999 aus dem Gefängnis heraus propagierte. Der redet jetzt, nachdem er sein Spiel verloren hat, von Frieden und Versöhnung, so als wolle er mit Worten wiedergutmachen, was er mit seinen Taten angerichtet hat. Taş, der aus dem Osten nach Istanbul kam, um Journalistik zu studieren, hätte seinen eigenen Wandel vom Falken zur Taube als Abschied von gefährlichen Illusionen sehen können. Stattdessen aber beschloss er, Verleger zu werden – und betrat damit wiederum vermintes Gelände. Seit 2001, dem Beginn seiner neuen Karriere, ist er schon auf 27 Minen getreten, die im türkischen Strafgesetzbuch vergraben sind.

Sein kleiner Verlag »Aram« liegt in der Cemal-Nadir-Straße, Stadtteil Cağaloğlu. Ein altes, wenig einladendes Haus, steile Treppe nach oben, ein Zimmer mit Computern und vielen Büchern, die sich auf Regalen übereinander türmen. Es sieht nicht aus, als würde er reich werden mit diesem Unternehmen, ganz im Gegenteil. Der politische Trotz, der geblieben ist, droht ihn nunmehr zu ruinieren.

In seinen fünf Jahren als Verleger hat Taş 80 Bücher herausgebracht, die fast alle irgendwie um das Kurden-Thema kreisen. Darunter sind Essays, Gedichte und Erfahrungsberichte von Männern und Frauen, die mit der PKK sympathisierten oder für sie die Waffe in die Hand genommen hatten. »Ich will dazu beitragen, dieses Kapitel aufzuarbeiten«, sagt er. »Dies ist jetzt meine neue Art zu kämpfen.«

Für drei Titel, sagt er, habe er schon Strafbefehle bekommen, die Bußgelder beliefen sich auf umgerechnet über gut 15 000 Euro. 2002 publizierte er die türkische Ausgabe von »American Interventionism«, eine Essay-Sammlung des linken US-Intellektuellen Noam Chomsky, der darin die Lieferungen amerikanischen Waffen an die Türkei kritisiert; sie seien in den neunziger Jahren eingesetzt worden, um im kurdischen Südosten eine »großflächige ethnische Säuberung« zu betreiben. Die Quittung war, dass der Verleger wegen der Verbreitung »separatistischer Propaganda« angeklagt wurde. Erst als Chomsky selbst nach Istanbul reiste und verlangte, ebenfalls vor Gericht gestellt zu werden, wurde die Anklage fallen gelassen.

Das jüngste Verfahren gegen Taş begann 2005. Er brachte die türkische Version von »Spoils of War: The Human Cost of America's Arms Trade« heraus. Auch dessen Autor, John Tirman, Direktor des Zentrums für Internationale Studien am Massachusetts Institute of Technology, beschuldigt das türkische Militär, amerikanische Waffen gegen die kurdische Zivilbevölkerung eingesetzt zu haben. Das Verfahren wurde zweimal vertagt, zuletzt bis April 2006. Inzwischen ist es offensichtlich so, dass jede Neuerscheinung aus dem Verlag »Aram« automatisch auf dem Tisch der Staatsanwaltschaft landet.

Im Dezember 2005 steht der bekannteste Schriftsteller des Landes, Orhan Pamuk, vor Gericht, weil er in einem Interview mit dem Zürcher »Tagesanzeiger« gesagt hat, 30 000 Kurden und eine Mil-

Ständig vor dem Kadi: der kurdische Verleger Fatih Taş

lion Armenier seien in der Vergangenheit in ihren Gebieten getötet worden. Der Fall geht durch alle Gazetten, bis er im Januar 2006 ad acta gelegt wird. Er sei, sagt Ana Maria Cabanellas, Präsidentin der Internationalen Verlegervereinigung, »nur die Spitze eines Eisbergs«. In der Tat laufen derzeit etwa 60 Verfahren gegen Autoren und Verleger. Zwar lobt die EU-Kommission die türkische Regierung dafür, dass sie viele rigide Gesetze aus vergangenen Zeiten über Bord geworfen hat, um das Tor nach Europa zu öffnen. Sie schaffte zum Beispiel die Todesstrafe und das Publikationsverbot in kurdischer Sprache ab. EU-Erweiterungskommissar Günter Verheugen kritisierte aber auch, dass Gerichte und Polizei dazu neigten, »die Reformen sehr restriktiv auszulegen«, insbesondere was die Versammlungs- und Meinungsfreiheit betreffe. »Es ist leider ganz eindeutig: Teile des Machtapparats vollstrecken den Willen des Parlaments und der Politik einfach nicht.«

Die türkischen Nationalisten, die durch Brüssel den Ausverkauf von Atatürks Erbe befürchten, haben in Polizei und Justiz offenbar eine starke Stellung. Sie zerren immer wieder den Paragraphen 301 des türkischen Strafgesetzbuches hervor, der die »Beleidigung des Türkentums« verbietet, und dazu ein Sondergesetz, das die Beleidigung Atatürks unter Strafe stellt. Trotz aller internationalen Appelle, auch diese Bestimmungen zu streichen, hält Ankara hartnäckig daran fest. »Es gibt Kräfte in der Regierung, die keinen Frieden wollen«, sagt Taş. »Sie würden dann nämlich ihre Kontrolle über die türkische Gesellschaft verlieren.«

Wir streiten eine Stunde lang darüber, wer den unseligen Bürgerkrieg ausgelöst hat. »Natürlich hat auch die PKK ihren Teil an Schuld«, sagt der Verleger. »Aber vergessen Sie nicht, dass die Kurden mit ihr zum ersten Mal eine starke Organisation hatten. Sie mussten sich wehren gegen all die Schikanen, es war ein Akt der Selbstverteidigung. Oder wollen Sie sagen, dass auch der gewaltsame Aufstand der Juden im Warschauer Getto nicht gerechtfertigt war? Ich sage Ihnen, dieser Verlag würde nicht existieren, wenn es die PKK nicht gegeben hätte. Wir waren bis dahin doch geistige Sklaven.«

»Ohne Waffen«, sage ich, »können Sie den Staat viel leichter bloßstellen. Das sehen Sie am Paragraphen 301.«

»Ja, da haben Sie recht«, sagt er. »Ich sehe unsere Bücher ja auch nicht als Propaganda, sondern als einen Beitrag zum Frieden. Wenn der Staat das nicht erlaubt, dann allerdings geht der Kampf in eine neue Runde.«

Er stapelt vor mir die Bände auf dem Tisch, die ihn schon vor den Kadi brachten. Als er den selbst gebauten Berg vor sich erblickt, wirkt er richtig blass im Gesicht.

»Wollen Sie die Strafen zahlen?«, frage ich. »Oder gehen Sie lieber ins Gefängnis?«

»Ich kann die Strafen gar nicht zahlen, weil ich das Geld nicht habe«, sagt er. »Ich will aber auch nicht hinter Gitter.« Er hofft auf internationalen Druck, auf eine lange Petitionsliste, auf Europa. Die besten Veränderungen der politischen Kultur aber sind eigentlich die, die nicht von außen, sondern von innen erzwungen werden.

»Das Damoklesschwert hängt immer über mir«, sagt der junge Verleger und reicht mir zum Abschied die Hand. »Ich weiß nie genau, wann es niedersaust.«

Istanbul

Ich mache einen weiteren Versuch, mit einem islamischen Würdenträger zu sprechen. Mahmud Hodscha, so heißt es, sei die wichtigste Autorität in Istanbul. Zwei Theologie-Studenten begleiten mich zur Çarşamba-Moschee, einem Zentrum des konservativen Islam. Die Männer, die dort das Büro verwalten, heben bedauernd die Hände. Mahmud Hodscha, der schon in den Neunzigern ist, sei krank, schwer krank, er könne daher mit niemandem reden. Dann eben sein Stellvertreter? Oder gibt es einen designierten Nachfolger? Wir ernten Achselzucken, hilfloses Schweigen. »Die islamischen Führer reden auch nicht mit uns«, sagt Bayram Sevinç, einer der beiden Studenten. »Ich habe deswegen meine Magisterarbeit nicht rechtzeitig fertig bekommen und an der Uni ein ganzes Jahr verloren.« Man geht hier nicht nur bedeckt, man hält sich auch so.

Kapitel 28

ISTANBUL

Die Tücher und die Trichter

Angst erzeugt Gegenangst. Das klingt zwar völlig unlogisch, in diesem Fall ist es aber so. Die Scheu vor dem Teil der Welt, der nicht nach den Regeln des Korans funktioniert, verleiht den Kreisen, in denen der strenge Islam regiert, eine Aura von Geheimbündelei. Da agieren Mächte, die schwer durchschaubar sind, weil sie sich hinter heiligen Schriften verstecken. Solche Mächte verursachen Angst. Man muss sich vor ihnen schützen. Man darf ihnen keinen Spielraum geben. Denn die Angst ist groß, dass sie ihn missbrauchen könnten.

Diese Gedanken gehen mir durch den Kopf, als ich über den Campus streife. Die Theologische Fakultät der Marmara-Universität liegt in Üsküdar auf der asiatischen Seite, gegenüber dem Capitol Shopping Center. In den Auslagen der teuren Designerläden der Einkaufspassage liegen freche Kreationen weiblicher Tops. Hier in den Parkanlagen aber stehen Studentinnen in den typischen langen Mänteln, die keinen Blick auf Arm oder Bein erlauben, und tragen skurrile Kopfbedeckungen. Meist sind es gestrickte Wollhauben, mal schwarz, mal grau, mal blau. Wenn man etwas genauer hinsieht, blitzt ab und zu unter ihren »Tarnkappen« das Kopftuch hervor.

Es ist von Staats wegen verboten, dieses Kleidungsstück auf dem Gelände der Universität zu tragen. Dieses Verbot gilt nicht nur für Lehrkräfte, sondern auch für deren Schüler. Islamische Theologie-Studentinnen empfinden es wohl nicht nur als Schikane, sondern als Akt der Unterdrückung. Dass die Frau den Kopf

Eine Land, zwei Welten: rauchende Frau auf einem Werbeplakat

zu bedecken hat, gehört seit jeher zum islamischen Lebensgefühl. So unterlaufen sie die Vorschrift mit diesen seltsamen, nicht verbotenen Mützen.

Ich bin auf dem Weg zu Professor Ali Köse, der einen Lehrstuhl für Religionspsychologie und -soziologie hat. Er ist einer der wenigen islamischen Theologen, die längere Zeit im Westen waren. Er studierte fünfeinhalb Jahre in London, das spürt man sofort, wenn man mit ihm spricht. Er hat in einer anderen Kultur gelebt, deren Stärken und Schwächen gesehen – diese Erfahrung öffnet den Blick auf die eigene Kultur. Köse, Jahrgang 1963, ist ein Muslim, der seine Religion nicht nachplappert, sondern kritisch reflektiert.

»Die Menschen hier zu Lande lernen leider nichts über die moralische Seite des Islam«, sagt er. »Ein Kind, das eine religiöse Erziehung erhält, lernt den Koran auswendig, genauso wie es die Ideen Atatürks eingepaukt bekommt. Wenn es das alles herunterrasselt, kriegt es in der Schule gute Noten.« So wird ein junger Mensch vollgestopft mit Glaubenssätzen, sei es durch den Staat, sei es durch den Hodscha. Es nimmt nicht wunder, wenn er sich dann, um Widersprüchen zu entgehen, radikal auf die eine oder die andere Seite schlägt. Diese Kultur der Eintrichterung ist für Köse das Hauptproblem.

»Atatürk hatte zwar ein Bild vom Westen, aber keinen Kontakt zu ihm«, sagt der 42-jährige Theologe. »In den Jahrzehnten nach ihm gab es nur wenige Türken, die überhaupt eine Fremdsprache beherrschten. Was unsere Gastarbeiter aus dem Westen mitbrachten, waren nicht Ideen, sondern vor allem Konsumgüter. Erst unter Premier Özal, Anfang der neunziger Jahre, begann die Türkei, sich wirklich zu öffnen. Wie viele Jahre haben wir also gehabt? Gerade mal 15, mehr nicht. Das reicht nicht, um sich gegenseitig zu kennen.«

Die Kultur des Dialogs, sagt Köse, sei in der Türkei eben unterentwickelt. »Wir wissen noch immer nicht, auf zivilisierte Weise miteinander umzugehen«, sagt er. »Wir glauben noch immer an die Autorität, so wie an einen Gott. Wer die Autorität hat, beginnt damit, seinen Lebensstil anderen aufzuzwingen – sei er nun religiös oder säkular. Das ist charakteristisch für den Orient. Die Laizisten und die Islamisten sind sich darin ziemlich gleich.«

Das staatliche Kopftuchverbot, fährt er fort, sei ein typisches Beispiel für diese starrsinnige Haltung. »Es ist wirklich absurd und obendrein provokativ, so ein Gesetz auch noch bei uns durchzusetzen, an einer theologischen Fakultät! Das ist so, als würde man in Europa die Nonnen zwingen, ihre Schleier abzulegen. Welchen Schaden würde der Staat denn nehmen, wenn Studentinnen das Kopftuch tragen? Ich sage Ihnen, wenn die Regierung nicht so hartnäckig darauf bestünde, sähen Sie es heute bei viel weniger jungen Frauen.«

Er sieht ein paar Zweifel in meinen Augen, daher setzt er nach. »Ich kenne meine Frau, ich kenne meine Mutter, ich kenne meine Studentinnen. Glauben Sie mir, die wollen keinen zweiten Iran! 90 Prozent der türkischen Frauen, die ein Kopftuch tragen wollen, tun dies eigentlich nur, weil es eine Tradition ist. Sie haben es bei ihren Müttern und Großmüttern gesehen, sie übernehmen es einfach. Sie werden sauer, wenn es ihnen verboten wird, wollen deswegen aber noch lange keinen Staat, der nach religiösen Prinzipien regiert wird. Sie wollen eine demokratische Regierung. Unser Verständnis des Islams ist auch anders als das der Araber. Trotz aller Defizite stehen wir einem Denken, das aus der Kraft der Vernunft kommt, näher.«

Doch das Gefühl, vom Staat in die Schranken gewiesen zu werden wie nirgendwo sonst in der islamischen Welt, produziert auch eine bestimmte Sicht der Dinge. »Es gibt hier zu Lande Leute, die diesen Konflikt haben wollen und ihn immer wieder schüren«, sagt der Theologie-Professor. »Alle türkischen Regierungen haben solche Konflikte gebraucht: entweder den mit den Kurden oder den mit dem Islam.«

Es gibt in diesem Land eigenartige Fronten, sei es in der Realität, sei es in den Köpfen. Köse sagt, ich solle nicht überrascht sein, in der Türkei engagierte Muslime zu finden, die für einen EU-Beitritt des Landes seien. Türkische Islamisten sähen Europa als Verbündeten in ihrer Auseinandersetzung mit den Militärs. »Selbst in den islamischen Bewegungen hat Europa Einzug gehalten«, sagt er. »Junge Leute versuchen dort, die Reihen von sturen Traditionalisten zu säubern. Europa hat also schon etwas Gutes für den Islam getan.«

Mir scheint, dass er eine Art Euro-Islam personifiziert, wie er zuweilen von Islam-Experten propagiert wird. »Nennen Sie es, wie Sie möchten«, sagt er. »Ich bin ein Muslim, wenn auch kein strenger. Aber ich spüre, dass ich sehr wohl nach Prinzipien des modernen Lebens leben kann.«

»Sie möchten, dass die Türkei nach Europa geht?«, frage ich.

»Wir haben 80 Jahre lang für dieses Ziel gearbeitet«, sagt er. »Wenn wir es nicht erreichen, brauchen wir ein neues Ziel. Die Kommunisten sahen es einst in Moskau, doch diese Zeiten sind vorbei. Das einzige Ziel, das uns dann noch bliebe, wäre der Islam.« Köse, der aufgeklärte Muslim, sagt das in einem Ton, der keine Begeisterung verrät. »Wir Türken«, sagt er dann, »sind heute Europa viel näher als Europa den Türken.«

Istanbul

»Atatürk glaubte an eine einzige, universale Zivilisation, also auch an eine einzige Kultur«, schreibt sein Biograf Andrew Mango in einem Buch über die Türkei. Der größte Sohn der Nation sollte auf eigenartige Weise recht behalten. Mango zitiert ein Posting, das er in einem Internet-Forum fand: »Junge Leute in Izmir und Antalya, die sich anders anziehen wollen, tragen alle Klamotten des gleichen verrückten Italieners, und sie sehen überhaupt nicht anders, sondern alle gleich aus … Die Hochzeiten sind weniger Dorf- als Fernsehhochzeiten … Die Häuser sehen aus, als seien sie alle von demselben geschmacklosen Bauherrn errichtet: vielstöckig, unpersönlich, lieblos, mit Satellitengeschirr, das sich auf Balkonen bündelt. In jeder Stadt die gleichen alternativlosen Shoppingstraßen, und Menschenmassen, die keine andere Wahl haben als Shopping … Das lebendige Kulturmosaik, auf das wir angeblich so stolz sind, wird unbarmherzig mit dem Standardputz der Globalkultur überkleistert.«
So ähnliche Sätze, allerdings nicht so verdichtet, stehen auch auf etlichen meiner Notizzettel.

Kapitel 29

ISTANBUL

Der Weg zu den Wurzeln

»Als ich ein kleines Kind war, erzählte uns die Großmutter jeden Abend etwas von den alten Mythen, das war ungeheuer spannend«, sagt Hüsamettin Koçan. Er wusste damals nicht, wie tief diese Geschichten in ihn eindringen würden. Es mussten ein paar Jahre vergehen. Aber dann spürte er, wie sie begannen, sein Leben zu bestimmen. Und heute, mehr als ein halbes Jahrhundert danach, ist er sich in einem sicher: »Wir müssen zurück zu diesen alten Märchen. Sie erzählen so viel über Menschen und menschliche Bindungen.«

Wie soll das gehen, in einer Zeit, da sich die jungen Leute durch TV-Kanäle zappen? Koçan, der 60-jährige Künstler, holt ein wenig aus; er ist gewohnt, den Bogen weit zu spannen.

Nach Atatürks Tod, sagt er, seien fünfzig Jahre vergangen, in denen sich der Staat als Promoter von Kultur verstand. Alles, was Kultur war, kam von oben. Es war angeblich modern, weil es einen Bruch mit der Vergangenheit bedeutete, staatlich organisiert und finanziert und über das Volk gestülpt. Als die Gastarbeiter in den Westen gingen, prallten sie zurück vor einer anderen, ebenfalls modernen Kultur, die sie aber nicht kannten und nicht verstanden. »Die meisten Türken, die nach Deutschland gingen«, sagt er, »kamen konservativer zurück, als sie vorher waren. Sie haben sich dort einfach eingebunkert.« So gab es, wie er es sieht, nur den Weg, die Kultur wieder ganz in die Hände derer zu geben, die sie schaffen. »Die Kulturgeschichte zeigt uns, wie wir traditionelle und zeitgenössische Elemente miteinander verbinden können.«

Koçan leitet als Dekan die Fakultät der Schönen Künste an der Marmara-Universität. Wer Kultur macht, das weiß er, läuft immer Gefahr, vereinnahmt zu werden. Die Ausstellung »Der Osmane«, die er 1994 eröffnete, war ein ganz typischer Fall. Zugleich aber war sie eine Katalyse, die seine Gedanken wieder dorthin trieb, wo sie vor langer Zeit einmal hergekommen waren. »Kunst beeinflusst mich«, sagt er, »nachdem sie produziert worden ist.«

Er präsentierte 36 Sultane der 600-jährigen Dynastie auf Gemälden, die durchweg zweigeteilt waren. Die obere Hälfte zeigte jeweils ein Laubblatt mit einem Herrscherporträt, herauskopiert aus alten Alben und Postkarten – Insignien der Macht, ein Tribut an die Traditionen. »Dafür hätte ich, wenn es allein gestanden hätte, Beifall von den Rechten bekommen«, sagt Koçan. »Für die kommt unsere Kultur nur von den Türken und dem Islam, nicht von den Hethitern, den Ioniern, den Trojanern – dies hat sie nie interessiert.« Das irritierende Gegenstück aber fand sich auf der unteren Hälfte. Es erinnerte ein wenig an Bauklotzfiguren – eine neuzeitliche Bildersprache, die eine mysteriöse Geschichte erzählte und nicht unmittelbar zu entziffern war. »Dafür hätte ich, wenn es allein gestanden hätte, Beifall von den Linken bekommen«, sagt er. »Die waren nun aber genauso irritiert, dass ich diese Darstellungen mit den Sultanen verknüpft hatte.«

Mit dieser Ausstellung begann er eine Reihe, die er »Visuelle Geschichte von Anatolien« nannte. »Ich knüpfe bewusst an osmanische Traditionen an«, sagte Koçan damals. »Ich will sie aber nicht einfach kopieren. Ich will deren Kultur nicht den begrenzten Techniken der Vergangenheit überlassen, sondern eine neue Ästhetik schaffen.« So war die Mitte, die die beiden Stile trennte, zugleich eine Linie, die sie verband.

Ein Jahr später erzählte er wieder so eine Geschichte. In Felsgewölben bei Alanya, »einem äußerst atmosphärischen Platz«, wo die

Seldschuken 1227 eine Werft errichtet hatten, hängte er Gemälde auf, die an die alten Fliesen in deren Sultanspalästen erinnerten. Sie symbolisierten, in verschiedenen Farben, das Land, das Meer und eine verbindende Brücke. Koçan stellte in der alten Werft aber auch Dutzende von Schwertern auf; schließlich hatten die Seldschuken Anatolien durch Kriege erobert. In einem Spiegel setzte sich die lange Reihe der Waffen fort, nahm sie quasi in die Sphäre der Ewigkeit auf. Was Koçan da aufgebaut hatte, war keine Dokumentation, sondern eine Schau von Dingen, »die untereinander neue Bedeutungen entwickeln, wenn Faktoren von außen sie beeinflussen«.

Für Koçan sind die Seldschuken das Musterbeispiel dafür, wie sich eine Kultur um Neues bereichert, gerade weil sie aus der Vergangenheit schöpft. Dieses Ahnenvolk der Türken kam mit Pferden und Zelten nach Anatolien. Doch bald produzierten die Eroberer Reliefs und Skulpturen, die römische und byzantinische Vorbilder hatten. Sie scherten sich wenig um das islamische Bilderverbot, sondern prägten Münzen mit Figuren, die schamanistische Traditionen verrieten. »Sie integrierten all die Werte des Ostens, des Nordens, des Südens und des alten Anatolien.« Das ist die Botschaft, die Koçan den heutigen Türken vermitteln möchte.

Er schließt die Kataloge, die er vor mir ausgebreitet hat. »Die Leute haben heute meist die Vorstellung, dass Kulturen im Lauf der Geschichte sich immerzu bekämpfen«, sagt er. »Es ist schon richtig, dass sie nacheinander untergehen. Aber sie lassen immer etwas zurück. So macht eine Kultur die andere reich.« Er schlingt seine beiden Zeigefinger ineinander. »Es ist eine lange, nie endende Kette. Oder, wenn Sie so wollen, ein Fluss, der immer neue Nebenflüsse aufnimmt: Er wird breiter und breiter und dabei immer reicher an Wasser.«

Die globalisierte Kultur, von der sie heute alle reden, ist in diesem Sinn gar keine Kultur. »Sie ist wie ein riesiger Shop, organisiert von mächtigen Firmen«, sagt Koçan. »Was man darin erwirbt, sind schnell fabrizierte Dinge. Sie werden schnell konsumiert und sind ebenso schnell wieder aus der Mode – weil sie gar keine Basis haben.« Der Weg nach Europa, wenn die Türken ihn denn fortsetzen sollten, ist daher ein ziemlich schmaler Grat. »Zur Zeit haben wir hier offenbar nichts anderes im Sinn, als den europäischen Lebensstil zu kopieren«, sagt der Künstler. »Aber die Türken, die aus dem Westen zurückkehren, sind mehr türkisch, mehr kurdisch, mehr islamisch. Sie spüren es offenbar, wenn die Kultur nur Hülle ist.«

Der Dekan führt mich durch die Flure seiner Fakultät. Sie sind gerahmt von Skizzen, Skulpturen und Trachten, und durch geöffnete Türen blicke ich in Workshops voller Kreativität. »Unsere Tradition – das sind alle anatolischen Kulturen«, sagt er. »Das ist es, was wir lernen müssen. Das ist der Sinn meines künstlerischen Schaffens.«

Fast 1000 Kilometer östlich von Istanbul wächst sein Lebenswerk heran. Im Dorf Bayraktar, 45 Kilometer vom Städtchen Bayburt entfernt, entsteht über dem Fluss Çoruh ein Museum, mit dem Koçan seine Ideen verewigen will. So kehrt er demonstrativ zurück in seine Heimat, zurück zu seinen Wurzeln, zurück an den Ort, wo die Großmutter von den alten Mythen erzählte. 480 Menschen leben noch in dem Dorf, Tausende haben es in den vergangenen Jahrzehnten verlassen. Es gibt keine Töpfer und keine Weber mehr, keine Maurer und keine Zimmerleute, Niemand weiß noch etwas von traditioneller Architektur. Häuser, wenn sie denn neu entstehen, werden im Stil der *gecekondu* gebaut, der wilden, illegalen Siedlungen am Großstadtrand, die nicht abgerissen werden, weil es ein altes Gewohnheitsrecht gibt, wonach das, was auf unbebautem Grund über Nacht als Heimstatt errichtet wird, nicht abgerissen werden darf. Dieses Dorf wird nur dann eine Zukunft haben, so Koçans Philosophie, wenn es wieder seine Vergangenheit entdeckt. Denn das eine ist ohne das andere nicht möglich.

Auf 10 000 Quadratmeter Fläche ist ein Gebäude im traditionellen Stil der Region entstanden. Seine Mauern bestehen nicht aus Beton, sondern aus sonnengetrockneten Ziegeln, Holz und Erde, und sein Dach ist mit einer Erdschicht bedeckt. Es hat Ausstellungsräume für Keramik, Teppiche und Stickerei, für Schmiedekunst, Korbflechtwerk und Glasmalerei – alles Künste, die einst in dieser Region zu Hause waren. Es gibt eine Bibliothek, einen Konferenzsaal, Workshops und ein Gästehaus für Wissenschaftler und Lehrer, Künstler und Kuratoren, die diesen Bau zu einem Kulturzentrum machen, dem Dorf seinen Stolz zurückgeben, einen Markt für lokales Kunsthandwerk und neue berufliche Chancen eröffnen wollen. Es ist Koçans heroischer Versuch, »eine Kette des Widerstands gegen die Zerstörung der Tradition« zu bilden, wie er in der Museumsbroschüre schreibt. Es soll die »Verbindung zwischen Kunst und Leben« sein, eine lokale Industrie schaffen, die Abwanderung stoppen und zugleich Kulturtouristen anlocken. Es soll Brücken schlagen zwischen alter und junger Generation, die alte Kultur in die neue Zeit tragen. Es soll ein »Sammelbecken für die Kunst im Osten der Türkei« sein, und »eine frische Brise für die Menschen, erzeugt durch die Kunst«. Koçan schließt seine Präsentation mit dem Satz: »Ich will mein Lernen und Denken an den Ort tragen, in dem ich geboren wurde.«

Ich packe die Bücher und Broschüren zusammen, die er für mich vorbereitet hat. Und will alles noch mal in Ruhe auf mich wirken lassen. Er gibt mir drei Sätze mit auf den Weg, die wie ein warnender Appell an seine Landsleute klingen: »Wer sein Vorleben zu vergessen sucht, verliert ein Stück seines Lebens. Du verlierst deine eigene Geschichte. Du gehst letztlich selbst verloren.«

Istanbul

Vor 30 Jahren war hier noch ein Dorf mit kleinen Gärten. Jetzt herrscht in Göztepe Stadtleben rund um die Uhr. Straßencafés, Boutiqen, Gehsteige zum Flanieren, das neue Istanbul. In den Seitenstraßen stehen gepflegte Apartmenthäuser. Ich fahre mit dem Aufzug in den 13. Stock, die oberste Etage. Parkett, weißer Teppich, eine schmucke alte Wanduhr. Zu den Schätzen gehören handgeschriebene Erlasse des letzten Sultans. Durch das Fenster hinaus ein herrlicher Blick über das Häusermeer. Nach drei Monaten Reise rollt hier oben noch einmal die Türkei vor mir ab – in zwei Stunden.

Kapitel 30

ISTANBUL

Das rettende Chaos

»Wir sind Kinder eines Imperiums«, sagt Ahmet Altan. »Wir haben bis heute diese imperiale Arroganz, Anflüge von Verachtung, weil wir einmal die Hälfte Europas regiert haben. Aber dann wurden wir geschlagen. Welche Gefühle beherrschen einen Verlierer? Auf der einen Seite ist es Hass, auf der anderen Bewunderung – und der Versuch, so wie der Sieger zu werden. Wir haben völlig widersprüchliche Empfindungen in der Seele.« Dieser Zwiespalt hat die Türken durch das 20. Jahrhundert begleitet. Der Drang, Europa zu kopieren, und der Hang, sich von ihm abzuwenden. Sagt der Mann, der unablässig aus der Geschichte seines Landes schöpft.

Die Romane, die Altan schreibt, spiegeln die Brüche und Umbrüche der Türkei. Der 55-Jährige ist einer der bekanntesten Schriftsteller des Landes. Er hat wie alle, die von der offiziellen Geschichtsschreibung abweichen, seinen Ärger mit der Justiz gehabt. Er hat aber immer das Recht verteidigt, das Land mit seinen eigenen Augen, den Augen eines Literaten, zu sehen. »Ich will nicht *die* Geschichte, sondern die Geschichte von Individuen beschreiben«, hat er einmal gesagt. »Literatur ist die einzige Kunst, die bis in die tiefsten Gefühle der Menschen vordringen kann.«

Wir sitzen beim Tee, und während wir reden, ziehen vor meinem geistigen Auge im Zeitraffer die Gesichter vorbei, die sich mir in den vergangenen drei Monaten eingeprägt haben. Der Bärenjäger und der Lastenträger, der Künstler und der Katakombenforscher, die Frau mit dem Kopftuch und die mit der Troja-Tour, der gastfreundliche Musikforscher und der gastunfreundliche Scheich, der Kurde auf den Trümmern und der mit dem Bein im Gefängnis, der Vater der Bäume und die Mutter der Kinder, die ohne Licht durch das Treppenhaus müssen. Dieses Land hat viele und viele widersprüchliche Gesichter. Während Ahmet Altan spricht, beginnen sich ein paar Dinge zu ordnen. Denn jetzt schreibt er nicht, sondern er redet. Jetzt erzählt er keine Geschichten, sondern Geschichte.

Die Sultane im 19. Jahrhundert waren die Ersten, die sich Rettung aus Europa erhofften, durch Finanz- und Militär-, Verwaltungs- und Verfassungsreformen. Die aufständischen Jungtürken im 20. Jahrhundert, die meist aus dem Raum Saloniki kamen, sahen dort Männer und Frauen zusammen tanzen und hatten das Gefühl, dass Christen in allem viel weiter waren als Muslime. Atatürk, der die Republik schuf, kopierte französische Ideen von Nationalismus und Laizismus. Er trennte Staat und Religion und führte die lateinische Schrift ein. »Sie alle sahen nur die europäische Lebensart, nicht aber den Produktionsstil, dessen Ausfluss sie war«, sagt Altan. »Die Türkei war ein Bauernland. Es hatte keine Renaissance, keine Aufklärung, keine Philosophen, kein rationales Denken, keine industrielle Entwicklung gehabt. So einem Land sollte nun das westliche System aufgedrückt werden. Die Reformer versuchten, den Alltag zu ändern, nicht aber die Basis dafür. Das konnte nicht klappen, das musste scheitern.«

So lebte das Land mit einer neuen Fassade, doch tief im Innern tickte es noch immer wie in der alten Zeit. So wie einst der Sultan wurde jetzt Atatürk verehrt. Das Militär beherrschte den Staat, der Mann die Familie, der Ağa oder der Klan das Dorf. Die Frauen hatten zwar das Wahlrecht, aber 90 Prozent von ihnen konnten noch immer nicht lesen und schreiben. Als Atatürk starb, waren noch immer drei Viertel der Bevölkerung Analphabeten. Und Europa lag nach wie vor weit entfernt.

Auch die erste Migrantenwelle, die in den sechziger Jahren begann, brachte die Türkei Europa nicht näher – ganz im Gegenteil. »Wir schickten Bauern, nicht Städter nach Deutschland«, sagt Altan. »Sie bestimmten dort das Bild der Türkei. Sie lernten weder die deutsche Musik noch die deutsche Küche kennen, noch das Verhältnis zwischen Männern und Frauen, wie es dort herrschte. Was sie da sahen, war alles inakzeptabel für sie. Sie fühlten sich bedroht, sie gruben sich ein.« Da war wieder eine Fassade, geprägt vom Migrantenstrom. Sie täuschte darüber hinweg, dass die Kluft sich eher weitete als schloss.

»Hatten wir vorher die Christen verachtet, so war es nun auf einmal umgekehrt«, sagt der Autor. »Um ihren Stolz und ihre Identität zu wahren, wurden die Türken in Deutschland noch nationalistischer, noch konservativer, noch religiöser, als sie es vorher gewesen waren. So wurde die Auswanderung nach Europa nicht zu einer Brücke, sondern zu einer Barriere.«

Wir reden über das Heute, den dritten großen Anlauf Richtung Europa. Ihn unternimmt ausgerechnet eine Regierung, die von einer islamischen Partei gestellt wird. In diesem Punkt sagt Altan, was offenbar die meisten Türken glauben: Premier Erdoğan und seine Anhänger seien von der Hoffnung getrieben, in der EU einen Bündnispartner gegen die Generäle im eigenen Land zu finden. Europa soll den demokratischen Feinschliff erzwingen, der aus eigener Kraft nicht gelungen sei? »Sie können in der Türkei als Regierung nichts tun, was die Militärs nicht wollen«, sagt der Autor. »Die haben die wahre Macht.«

Er hat sich, was Wunder, schon oft mit ihnen gerauft. Wegen des Paragrafen 301 – früher Paragraf 312 – stand er mehr als 20 Mal vor dem Kadi. Zum Glück kam er nie hinter Gitter. Einmal verfasste er eine Zeitungskolumne mit dem Titel »Atakurd«, der ihm den Vorwurf der Blasphemie einbrachte. Darin beschrieb er, wie es den

Türken in einem fiktiven Staat namens »Kurdei« ergehen würde, den die gleichen Dogmen eines allmächtigen Gründungsvaters beherrschten: Verbot der türkischen Sprache, Unterdrückung eines türkischen »Separatismus«, Folterverhöre für türkische »Terroristen«. Altan wurde, auf Bewährung, zu eineinhalb Jahren Haft verurteilt.

»Türkische Militärs glauben im Grunde nicht, dass sich das Land mit demokratischen Mitteln modernisieren lässt«, sagt der Autor. »Im Gegenteil, Modernität und Demokratie sind für sie zwei rivalisierende Begriffe. Sie haben nicht gelernt zu diskutieren, sie machen einfach nur Druck.« Nirgendwo in der Welt würden Offiziere dazu ausgebildet, soziale Probleme zu bewältigen. »Militärs kennen nur Freunde und Feinde. Sie lernen zu töten oder selber zu sterben. Solange sie eine dominierende Rolle spielen, sehen sie soziales Engagement daher als eine Art Staatsfeind an.« Der jetzige Premier und seine Leuten wüssten, dass sie die Türkei erst dann richtig regieren können, wenn sie Europa hinter sich haben. »Europa soll helfen, die Militärs aus der Politik herauszukriegen.« Dies sei, außer der Hoffnung auf Wohlstand, das wichtigste Beitrittsmotiv. Es ist eines, das die Türkei von allen anderen EU-Kandidaten unterscheidet. »Wir sind nicht richtig westlich, wir sind nicht richtig östlich«, sagt Altan. »Wir sind schon ein sehr eigenartiges Land.«

Wir haben eine Stunde über die Probleme geredet, die die Türken mit Europa haben. Jetzt drehen wir den Spieß einmal um. Die Probleme, die Europa mit den Türken hat, sagt Altan, seien nicht minder groß. Das aber liege an Europa selber. »Es ist wirklich ein Jammer«, sagt er. »Wenn wir von Europa reden, meinen wir dessen gloriose Geschichte: die Literatur, die Musik, die Malerei. Aber was ist heute davon geblieben? Reichtum, ja – aber das ist nicht genug, um euch stark in der Welt zu machen. In der Weltpolitik hört keiner auf euch.«

Er legt nach und genießt die Wirkung seiner Worte in meinem Gesicht. »Ihr wisst, was ihr zu tun habt. Ihr kennt das System. Aber es scheint, als verachtet ihr Emotionen. Ja, ich weiß, ihr liebt die Weisheit. Aber wenn ihr nur weise sein wollt und die Gefühle außer Acht lasst, werdet ihr zu Krüppeln. Ja, ihr seid Krüppel geworden. Ihr braucht wieder mehr Chaos – das ist ein wichtiger Grund, weshalb ihr die Türken braucht.« Wäre Europa so einig und stark, wie es seine geistigen Väter einmal erhofften, dann wäre es wohl erst gar nicht auf den Gedanken gekommen, die Türkei zu integrieren. Wenn Europa die Tür geöffnet habe, so sei das ein Zeichen von Schwäche, nicht von Stärke.

»Das Leben ist wirklich voller Ironie«, spinnt Altan seinen Gedanken weiter. »Die Türkei ist ein schwaches Land. Aber nur mit Hilfe dieses Schwachen werdet ihr stark.« Wie das? »Die Bush-Regierung hat alles dafür getan, Christen und Muslime zu Feinden zu machen. Wir brauchen eine neue Brücke zwischen Christentum und Islam. Die Türkei kann euch helfen, so eine Brücke zu bauen. Ihr könnt die türkischen Muslime als Verbündete gewinnen, und mit ihnen die islamische Welt. Wenn ihr es schafft, sie an eure Seite zu bringen, seid ihr wieder eine wirkliche Kraft in der Welt. Dann, und erst dann, werdet ihr die Wahl haben, Ja oder Nein zu den USA zu sagen.«

Altan mag nicht das Gejammer der Intellektuellen über die globalisierte Welt. Er hat Visionen, die Mut machen. Er sieht die geistigen Kräfte, die durch den Computer weltweit entfesselt werden können, wenn die mechanische Art des Lebens Vergangenheit sein wird. Er sieht das Verschwinden von Staatsgrenzen und eine Renaissance der Stadtstaaten, die in der antiken Türkei schon einmal eine Blüte hatten – die Welt als ein einziger Markt von Ideen, in dem die Nationalität nicht mehr darüber entscheidet, ob jemand Geld verdient oder nicht. Er sieht ein Land, das sich nun erstmals auf breiter

Front aufmacht, den Westen kennenzulernen und damit in diesen Markt einzutreten. »Wenn es uns gelingen sollte, reich zu werden, ohne die menschliche Wärme zu verlieren – mein Gott, was wäre das für ein Land!«

Wenn aber nicht – was dann? Was wird geschehen, wenn die Türkei nicht in die EU aufgenommen wird? »Dann«, sagt Altan, »werden wir zurückgeworfen auf unsere alten Probleme: die Nationalisten, die Islamisten, die Kurden. Auf all die sozialen Probleme, die wir seit hundert Jahren nicht gelöst haben. Es wird Unruhen und Blutvergießen geben. Es wird schlimm, ziemlich schlimm für uns.«

Fast scheint es, als erschrecke er nun über all die kritischen Bemerkungen, die er über Europa gemacht hat. Er gibt mir beschwörende Sätze mit auf den Heimweg. »Wir brauchen eure systematische Vernunft. Ihr braucht unsere emotionale Vitalität. Ja, wir brauchen uns gegenseitig.« Dabei hebt er die Hände wie ein christlicher Priester, der weiß, dass er ein schwieriges Paar vor sich hat – und trotzdem beschließt, es zu trauen.

10/1004/01/3s